JN275253

人気の講義

えんどうあつこの英語が
初歩からしっかり身につく

英文法❶
品詞から接続詞まで

河合塾講師・早稲田予備校講師
えんどうあつこ

技術評論社

目　次

本書の見方 ……………………………………………………………… 8
授業のはじめに ………………………………………………………… 11

単元1 品　詞 …………………………………………… 13

基礎かくにん① 名　詞 ………………………………………………… 14
　🌼 1. 加算名詞（数えらえる名詞）って何かな？ ………………… 15
　🌼 2. 不加算名詞（数えられない名詞） ………………………… 16

基礎かくにん② 冠　詞 ………………………………………………… 19
　🌼 1. a, an ……………………………………………………… 19
　🌼 2. the ……………………………………………………… 20

基礎かくにん③ 代名詞 ………………………………………………… 21
　🌼 1. 主格 ……………………………………………………… 22
　🌼 2. 所有格 …………………………………………………… 22
　🌼 3. 目的格 …………………………………………………… 22
　🌼 4. 所有代名詞 ……………………………………………… 22

基礎かくにん④ 動　詞 ………………………………………………… 23
　🌼 1. 一般動詞 ………………………………………………… 23
　🌼 2. be動詞 ………………………………………………… 26

基礎かくにん⑤ 形容詞 ………………………………………………… 27
基礎かくにん⑥ 副　詞 ………………………………………………… 28
基礎かくにん⑦ 助動詞 ………………………………………………… 30
基礎かくにん⑧ 前置詞 ………………………………………………… 30
基礎かくにん⑨ 接続詞 ………………………………………………… 31
基礎かくにん⑩ 疑問詞 ………………………………………………… 31

単元2 文型・句と節 ……… 33

- 基礎かくにん① 文の主要素 ……… 34
- 基礎かくにん② 句 ……… 34
- 基礎かくにん③ 修飾語 ……… 36
- 基礎かくにん④ SV文型 ……… 38
- 基礎かくにん⑤ SVC文型 ……… 38
- 基礎かくにん⑥ SVO文型 ……… 41
- 基礎かくにん⑦ SVOO文型 ……… 48
- 基礎かくにん⑧ SVOC文型 ……… 53
- 基礎かくにん⑨ 節 ……… 61
  - 1. 名詞節 ……… 61
  - 2. 形容詞節（＝関係詞節）……… 64
  - 3. 副詞節 ……… 65
- まとめのかくにん問題 ……… 67

単元3 文の種類 ……… 73

- 基礎かくにん① 平叙文 ……… 74
- 基礎かくにん② 疑問文 ……… 76
  - 1. 疑問詞を使わない疑問文 ……… 76
  - 2. 疑問詞を使う疑問文 ……… 79
  - 3. 付加疑問文 ……… 83
  - 4. 否定疑問文 ……… 86
  - 5. 間接疑問文 ……… 87
- 基礎かくにん③ 命令文 ……… 92
  - 1. 肯定の命令文 ……… 92
  - 2. 否定の命令文 ……… 92
- 基礎かくにん④ 感嘆文 ……… 93
  - 1. How ＋ 形容詞または副詞 ＋ SV！ ……… 93

2. What + { a(an) 形容詞＋名詞 / 形容詞＋複数名詞 } + SV ! ……………………… 93

基礎かくにん⑤ There is [a 名詞]．／There are [複数名詞]. ……………… 94
　1. 名詞が「不可算名詞」や「no＋名詞」の場合 ……………………………… 95
　2. be動詞ではなくて「存在」や「出現」をあらわす自動詞の場合 ………… 96
まとめのかくにん問題 …………………………………………………………… 97

単元4　受動態 …………………………………………………………… 101

基礎かくにん① 受動態の作り方の基本 ……………………………………… 102
　1. 「SVO文型」の受動態 ………………………………………………………… 102
　2. 「SVOO文型」の受動態 ……………………………………………………… 103
　3. 「SVOC文型」の受動態 ……………………………………………………… 104
　4. 助動詞を含む文の受動態 …………………………………………………… 106
基礎かくにん② 受動態の疑問文に注意しよう …………………………… 106
基礎かくにん③ byを使わない受動態 ……………………………………… 108
まとめのかくにん問題 ………………………………………………………… 111

単元5　時制 ……………………………………………………………… 115

基礎かくにん① 現在形 ………………………………………………………… 116
　1. 現在形は現在の状態をあらわす ……………………………………………… 116
　2. 現在形は現在の習慣・事実・不変の真理・ことわざをあらわす ………… 116
　3. 現在形は確定未来をあらわす ………………………………………………… 117
　4. 「時や条件」をあらわす副詞節のなかは現在形 …………………………… 117
基礎かくにん② 過去形 ………………………………………………………… 121
　1. 過去形は過去の一時点をあらわす …………………………………………… 121
　2. 過去形は過去のある期間にわたる幅をあらわす …………………………… 121
基礎かくにん③ 進行形 ………………………………………………………… 122
　1. 現在進行形 ……………………………………………………………………… 123

- 2. 過去進行形 ·· 126
- 3. 未来進行形 ·· 126

基礎かくにん④ 未来をあらわすいろいろな表現 ·· 127
- 1. will ·· 127
- 2. be going to ＋ 動詞の原形 ·· 128
- 3. 確定未来をあらわす進行形 ·· 128
- 4. be about to ＋ 動詞の原形 ·· 130

基礎かくにん⑤ 現在完了 ·· 130
- 1. 過去形と現在完了形はどうちがうの？ ·· 131
- 2. 現在完了 {完了} ··· 131
- 3. 現在完了 {経験} ··· 133
- 4. 現在完了 {継続}・現在完了進行形 {継続} ·· 134
- 5. △以来○年です ··· 135
- 6. 現在完了は過去をあらわす副詞と一緒に使えない ································· 136
- 7. have gone to [～] と have been to [～] ·· 139

基礎かくにん⑥ 過去完了 ·· 139
- 1. 過去完了 {完了} ··· 140
- 2. 過去完了 {経験} ··· 140
- 3. 過去完了 {継続}・過去完了進行形 {継続} ·· 141
- 4. 過去完了 {大過去} ··· 145

基礎かくにん⑦ 未来完了 ·· 147
- 1. 未来完了 {完了} ··· 148
- 2. 未来完了 {経験} ··· 148
- 3. 未来完了 {継続}・未来完了進行形 {継続} ·· 149

基礎かくにん⑧ 時制の一致 ··· 151
- 1. 時制の一致って何？ ··· 151
- 2. 時制の一致の例外 ··· 152

まとめのかくにん問題 ·· 155

単元6 不定詞 —————————————— 161

基礎かくにん① 名詞用法 —————————————— 162
基礎かくにん② 形容詞用法 —————————————— 167
- 1. SV（能動）の関係 —————————————— 167
- 2. SV（受動）の関係 —————————————— 167
- 3. OVの関係 —————————————— 168
- 4. 内容説明 —————————————— 169
- 5. 形容詞用法の不定詞の意味上の主語 —————————————— 172

基礎かくにん③ 副詞用法 —————————————— 173
- 1. 目的 —————————————— 173
- 2. 感情（の原因・理由） —————————————— 174
- 3. 判断（の原因・理由） —————————————— 175
- 4. 条件 —————————————— 175
- 5. 結果 —————————————— 176
- 6. 形容詞もどり（to不定詞がうしろから前の形容詞を修飾） —————————————— 178
- 7. 副詞用法の意味上の主語 —————————————— 184

基礎かくにん④ SVO＋to不定詞 —————————————— 185
基礎かくにん⑤ 不定詞の否定形 —————————————— 185
基礎かくにん⑥ 不定詞の時制 —————————————— 186
- 1. 単純形「to＋動詞の原形」は同時をあらわす —————————————— 187
- 2. 完了形「to＋have過去分詞」はひとつ前の時制をあらわす —————————————— 188

基礎かくにん⑦ 不定詞の受動態 —————————————— 192
基礎かくにん⑧ be to 不定詞 —————————————— 193
- 1. 可能〈カ〉 —————————————— 193
- 2. 義務〈ギ〉 —————————————— 193
- 3. 予定〈ヨ〉 —————————————— 194
- 4. 運命〈ウ〉 —————————————— 194
- 5. 意図〈イ〉 —————————————— 194

基礎かくにん⑨ 不定詞を含む慣用表現 —————————————— 197
- 1. 疑問詞＋to 不定詞～ —————————————— 197

目次

　　❀ 2. too ＋形容詞 … to 不定詞～ ……………………………… 199
　　❀ 3. 形容詞／副詞 ＋ enough to 不定詞～
　　　　＝ so 形容詞／副詞 ＋ as to 不定詞～ ……………………… 200
基礎かくにん⑩ 独立不定詞（不定詞を含む決まり文句） ………………… 202
まとめのかくにん問題 ……………………………………………………… 206

単元7 接続詞 …………………………………………………… 211

基礎かくにん① 命令文＋and／or ………………………………………… 212
　　❀ 1. 命令文 …, ＋ and SV ～ ………………………………… 212
　　❀ 2. 命令文 …, ＋ or SV ～ ………………………………… 212
基礎かくにん② whether と if ……………………………………………… 213
　　❀ 1. whether …………………………………………………… 213
　　❀ 2. if ………………………………………………………… 214
基礎かくにん③ 副詞節を導くifと取りかえられる接続詞 ………………… 216
　　❀ 1. Suppose(that)／Supposing(that) ……………………… 216
　　❀ 2. Provided (that)／Providing (that) ……………………… 217
基礎かくにん④ 副詞節を導くさまざまな接続詞 …………………………… 218
　　❀ 1. 時をあらわす接続詞 ……………………………………… 218
　　❀ 2. 理由をあらわす接続詞 …………………………………… 223
　　❀ 3. 譲歩をあらわす接続詞 …………………………………… 225
　　❀ 4. その他の副詞節を導く接続詞 …………………………… 227
　　❀ 5. so, that を含む文 ………………………………………… 228
　　❀ 6. ～しないように・～するといけないから ……………… 233
　　❀ 7. in that「～という点で」 ………………………………… 235
基礎かくにん⑤ 同格のthat ………………………………………………… 235
まとめのかくにん問題 ……………………………………………………… 238

Power up レクチャー！ INDEX ………………………………………… 247
索引 ……………………………………………………………………………… 248

本書の見方

本書では、英語の基礎である品詞から接続詞までを学びます。

高校1年生でも無理なく勉強できるように初歩から丁寧に解説しながら、やがてセンター試験で平均点以上を目指せるように展開していきます。文型を確認して文構造をカッコでくくり、文法をきちんと整理します。

まずは「本書の見方」からスタートしましょう。

● **基礎かくにん**
まずはここで文法の基礎を確認しましょう。

● **形のルール**
名詞の複数形の形や受動態の形など、英文法の形のルールです。

単元1 品 詞

単語は、名詞・冠詞・代名詞・動詞・形容詞・副詞・助動詞・前置詞・接続詞・疑問詞に分けられます。それぞれの特徴や働きを勉強しましょう。

基礎かくにん① 名 詞

名詞は、①普通名詞 ②集合名詞 ③物質名詞 ④抽象名詞 ⑤固有名詞 に分けられます。それぞれについて整理しましょう。

①**普通名詞** 同種類のものの共通の名をあらわします。
　たとえば、girl（女の子）　cat（ネコ）　book（本）　などです。

②**集合名詞** 集合体をあらわします。
　たとえば、people（人々）　family（家族）　audience（観客）などです。

③**物質名詞** 液体や気体や固体の、同種類の性質の物質をあらわします。
　たとえば、water（水）　milk（牛乳）　coffee（コーヒー）
　　　　　　rice（米）　sand（砂）　paper（紙）　などです。

④**抽象名詞** 形がなく手でつかめないものをあらわします。
　たとえば、beauty（美）　love（愛）　liberty（自由）　などです。

⑤**固有名詞** 人の名前や物の名前、地名をあらわします。
　たとえば　Tom（トム）　Beethoven（ベートーベン）
　　　　　　Tokyo Station（東京駅）　Japan（日本）　などです。

①普通名詞、②集合名詞は**可算名詞（数えられる名詞）**
③物質名詞、④抽象名詞、⑤固有名詞は**不可算名詞（数えられない名詞）**
に分類されます。

🌸 1. 可算名詞（数えられる名詞）って何かな？

可算名詞（数えられる名詞）は単数（1つ）と複数（2つ以上）の区別をします。

(1) **普通名詞の複数形**　普通名詞が複数ある場合には複数形にします。

複数形の作り方
ⓐ **最後にsをつける**　　boy→boys　dog→dogs
ⓑ **単語の終わりが s, x, o, ch, sh のときは es をつける**
　bus→buses　box→boxes　church→churches
ⓒ **単語の終わりが f, fe のときは、それらを v に変えて es をつける**
　leaf→leaves　wife→wives
ⓓ **単語の終わりが、子音字（a,i,u,e,o以外の文字）＋ y のときには y を i に変えて es をつける**　baby→babies　lady→ladies
ⓔ **規則がないもの**　child→children　man→men

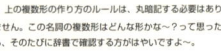**しようアドバイス♪**
上の複数形の作り方のルールは、丸暗記する必要はありません。この名詞の複数形はどんな形かな〜？って思ったら、そのたびに辞書で確認する方がはやいですよ〜。

● **楽しようアドバイス♪**
力を抜いて、楽に英文法を身につけるためのアドバイスです。

● 基礎れんしゅう問題
練習問題を解きながら、基礎を確認します。

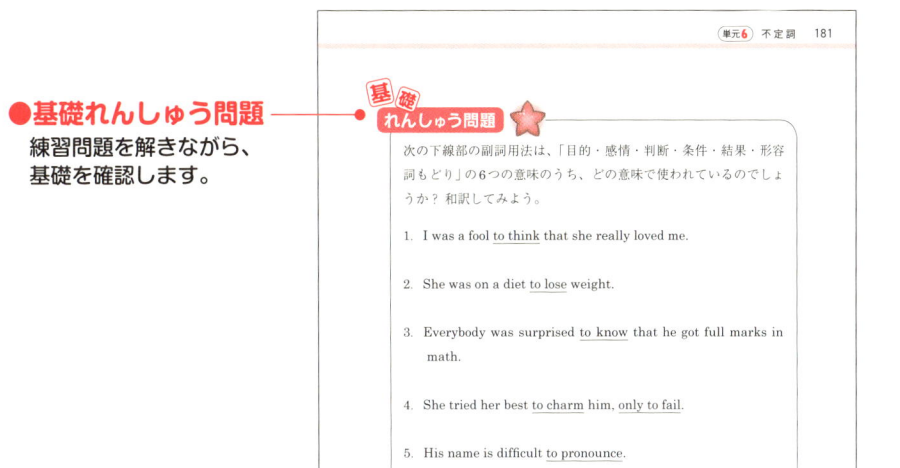

● *by [〜] …[〜]のそばに
しかくカッコ [〜] には [名詞] が入ります
（カッコの説明は次のページにあります）。

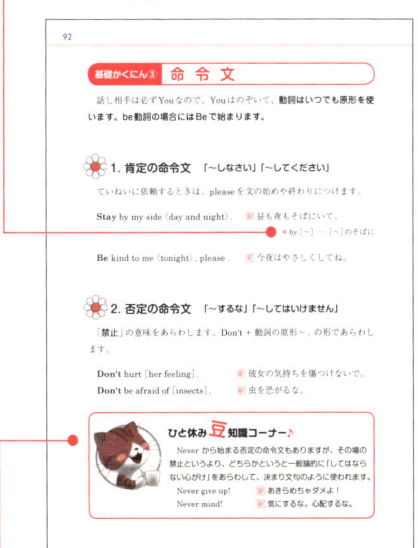

● Checkぽいんと
特に注意しておさえたいポイントです。

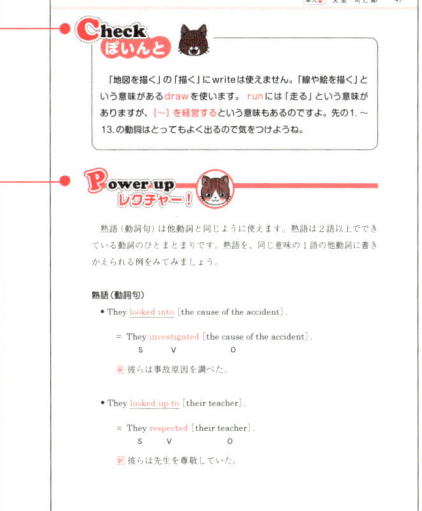

● ひと休み豆知識コーナー♪
なるほど！と思って英語がおもしろくなるかもしれません。知っておくと役にたつかもしれないこともまとめました。ひと休みしながら読んでみてください。

● Power upレクチャー！
一歩進んでPower upを目指します。応用力をつけて少し難しい問題を解けるようになるためのレクチャーです。

★本書では、大学入試にでる問題の例を「でるでる問題」として次の4パターンにわけて取り上げています。

4択や空所補充形式で試験によく出る問題。
下線部のうちでどこが誤っているのかを問う「正誤問題」で、よく出る問題。
英作文でよく出る問題。
このような問題を日頃から練習して慣れておくようにします。
本書では、4択でるでる問題を空所補充形式で練習するようにしている箇所もあります。

★3種類のカッコ…［ ］（ ）〈 〉の見方

本書では**単元2**（p.35）以降で下記の3種類のカッコを使っています。

　　　　名詞は ……… ［しかくカッコ］
　　　　形容詞は …… （まるカッコ）
　　　　副詞は ……… 〈とんがりカッコ〉

単元2以降では、句（p.35）と節（p.61）にカッコをつける練習をしていきますが、例文では句と節だけでなく単語にもカッコをつけてあります！

これは名詞・形容詞・副詞の区別がつくようになってほしいからです。カッコは文構造を意識して、正確に読むための「道具」と考えてくださいね。

カッコでくくりながら徐々に文構造がわかるようになり、やがて最終的にはカッコをつけなくても読めるようになることが私たちの目的です。

したがって文を読みやすくするためのカッコは、読めるならばすべてにつけなくてもよいのです。本書では説明上、くくる必要はないと判断したカッコははぶいてあります。

●3つのネコアイコンの説明
3匹のネコマークで重要度がわかるようになっています。

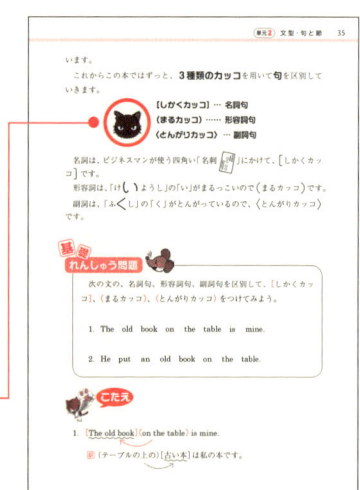

授業のはじめに

　たくさんの参考書のなかから本書を手に取っていただき、ありがとうございます。

　私はこれまで、予備校の教壇から少しでもわかりやすい授業ができるように常に心がけてきました。ひとりでも多くの生徒のみなさんに、「わかった」「勉強が楽しい」と思っていただけるように。そして、若いみなさんが将来を切り開いていくためのお手伝いが少しでもできるように。

　本書は、英語が苦手でも初歩からしっかり学べるように、できるだけていねいに解説しました。文系・理系を問わず、受験生はもちろん、高1・2年生でも無理なく勉強することができます。また、英会話の上達のために英文法をきちんと学びたい社会人の方にもぜひおすすめさせていただきたいと思っています。

　私は数年前にあるご縁から、英語がとても苦手だったMくんの家庭教師をさせていただきました。はじめてMくんに会ったのは、Mくん高校3年生の春。そのときのMくんの英語の偏差値は40でした。ところがMくんは、私と一緒に勉強をはじめて4ヶ月過ぎた頃に受けた模試で、偏差値60の成績を出したのです。これには私も驚きました。もちろん私は自分の教え方には自信がありましたが、その時に、私のやり方はやっぱり正しかったのだと強く確信しました。その半年後、Mくんの偏差値は70になり、そして晴れて、第一志望の大学に合格できました。本書はMくんに教えたように、Mくんがひとつひとつ理解できた過程をたどるようにして、心をこめて書き下ろしました。

　英語はコツコツ根気よく勉強すれば、必ずできるようになります。すぐ

にあきらめないでください。楽しく勉強できるように、なるべくおもしろい例文にしました。「基礎かくにん・基礎れんしゅう問題・でるでる問題・Power upレクチャー」と、無理なく進めるようになっています。

かわいいイラストにもきっと心がなごんでいただけると思います。ページをめくっていくうちに、いつのまにか一歩一歩英語ができるようになり、そして、この本が明るい未来を切り開くきっかけになれば大変うれしいです。

 **Please don't underestimate your potential ability！**
自分の可能性を過小評価しないでください！

Where there is a will, there is a way.
意志あるところに道はあるのです。

最後に、本書の執筆や編集にあたって終始お世話になりました、成田恭実様、そして、最高にかわいいネコたちを参加させてくださったイラストレーターの翼様に心より感謝申し上げます。

2013年7月吉日

えんどうあつこ

単元 1

品 詞

● 基礎かくにん ●

① 名　詞 ………………………………………… 14
② 冠　詞 ………………………………………… 19
③ 代名詞 ………………………………………… 21
④ 動　詞 ………………………………………… 23
⑤ 形容詞 ………………………………………… 27
⑥ 副　詞 ………………………………………… 28
⑦ 助動詞 ………………………………………… 30
⑧ 前置詞 ………………………………………… 30
⑨ 接続詞 ………………………………………… 31
⑩ 疑問詞 ………………………………………… 31

単元1　品　詞

単語は、**名詞・冠詞・代名詞・動詞・形容詞・副詞・助動詞・前置詞・接続詞・疑問詞**に分けられます。それぞれの特徴や働きを勉強しましょう。

基礎かくにん① 名　詞

名詞は、①普通名詞 ②集合名詞 ③物質名詞 ④抽象名詞 ⑤固有名詞 に分けられます。それぞれについて整理しましょう。

①普通名詞　同種類のものの共通の名をあらわします。
　　　　　　たとえば、girl（女の子）　cat（ネコ）　book（本）　などです。

②集合名詞　集合体をあらわします。
　　　　　　たとえば、people（人々）　family（家族）　audience（観客）　などです。

③物質名詞　液体や気体や固体の、同種類の性質の物質をあらわします。
　　　　　　たとえば、water（水）　milk（牛乳）　coffee（コーヒー）
　　　　　　　　　　　rice（米）　sand（砂）　paper（紙）　などです。

④抽象名詞　形がなく手でつかめないものをあらわします。
　　　　　　たとえば、beauty（美）　love（愛）　liberty（自由）　などです。

⑤固有名詞　人の名前や物の名前、地名をあらわします。
　　　　　　たとえば　Tom（トム）　Beethoven（ベートーベン）
　　　　　　　　　　　Tokyo Station（東京駅）　Japan（日本）　などです。

①**普通名詞**、②**集合名詞**は**可算名詞（数えられる名詞）**
③**物質名詞**、④**抽象名詞**、⑤**固有名詞**は**不可算名詞（数えられない名詞）**
に分類されます。

1. 可算名詞（数えられる名詞）って何かな？

可算名詞（数えられる名詞）は単数（１つ）と複数（２つ以上）の区別をします。

(1) 普通名詞の複数形　普通名詞が複数ある場合には複数形にします。

 複数形の作り方

①最後にsをつける　　　　　boy→boys　dog→dogs
②単語の終わりが s, x, o, ch, sh のときは es をつける
　　　　　bus→buses　box→boxes　church→churches
③単語の終わりが f, fe のときは、それらを v に変えて es をつける
　　　　　leaf→leaves　wife→wives
④単語の終わりが、子音字（a,i,u,e,o 以外の文字）＋ y のときには
　y を i に変えて es をつける　baby→babies　lady→ladies
⑤規則がないもの　　　　　child→children　man→men

 **楽（ラク）しようアドバイス♪**

　上の複数形の作り方のルールは、丸暗記する必要はありません。この名詞の複数形はどんな形かな～？って思ったら、そのたびに辞書で確認する方がはやいですよ～。

(2) 集合名詞の複数形

全体をひとつと考えて a, an, the をつけたり、複数形にもできます。

He has a large family.　　　　　　訳 彼のところは大家族です。
Two families live in the house.　　訳 その家に、2家族住んでいます。

集合体のひとりひとりを意識するときは、集合名詞は単数のままで**動詞だけ複数扱い**にします。

Many people are fond of sports.　訳 たくさんの人々が、スポーツが好きです。
　　　単数　複数

My family are fond of sports.　　訳 私の家族は、スポーツが好きです。
　　単数　複数

　　　　　　　　　　　　　　＊ be fond of [～] … [～]が好き

2. 不可算名詞（数えられない名詞）

数えられない名詞は、複数形にしません。a, an もつけません。

(1) 特に出る「不可算名詞（数えられない名詞）」

furniture 家具	poetry 詩	work 仕事
information 情報	machinery 機械類	progress 進歩
advice 忠告	equipment 備品	money お金
news ニュース	homework 宿題	fun 楽しみ
baggage ⎫ luggage ⎬ 荷物	proof ⎫ evidence ⎬ 証拠	luck 幸運 damage 被害
rubbish ⎫ garbage ⎬ ゴミ	stationery 文房具 merchandise 商品	

これらの名詞がたくさんあるときには much、ほとんどないときには

littleを前につけます。

○ much information（たくさんの情報）

× many informations　　sをつけてはいけません。

> weather（天気）も頻出です。

○ bad weather（悪天候）

× a bad weather　　weatherの前にaをつけてはいけません。

これらは試験にとてもよく出る不可算名詞だから、がんばって覚えようニャ！

① **poetry**　poetryは不可算名詞ですが、同じ「詩」でもpoemは可算名詞です。

② **machinery**　machineryは不可算名詞ですが、同じ「機械」でもmachineは可算名詞です。

③ **fun**　funは「楽しいこと」という意味の抽象名詞です。aをつけてはいけません。

> × What a fun it is!　→　○ What fun it is!
> それはなんて楽しいの！（感嘆文）

同じ抽象名詞でもpity「残念なこと」は特別な抽象名詞で、aをつけるので、気をつけよう。

> ○ What **a** pity it is!　それはなんて残念なことだ！

このへんはとてもやっかいなところです。

a funはダメだけど、a pityはOKと慣れておきましょうね。

④ progress

○ make an effort（努力する）

○ make a reservation（予約する）

○ make a decision（決める）

などのように、makeと抽象名詞の組み合わせでできている表現がたくさんあります。その場合に、抽象名詞でもaをつける習慣があります。ところが×make a progress はいけません。○make progress（進歩する）のように progressだけはaをつけてはいけません。とてもよく出るので注意しましょう。

不可算名詞の練習問題

「特に出る不可算名詞」から、これまでに次のような形で試験に出ています。

 4択でるでる問題

（　）内にもっとも適切なものをア〜エのなかから1つ選びましょう。

He is making (　　) in magic.

　　ア　his progresses　　イ　many progresses
　　ウ　great progress　　エ　a great progress

単元1 品詞

正誤でるでる問題

下線部で誤っているところはどこでしょうか？

The storm is bringing heavy rain but causing no damages at present.
　　　　　ア　　　　　　　　　イ　　　　　　　ウ
エ

ウ　訳 彼は手品がとても上達している。

ア、イ、エはprogressに複数のsがついたり冠詞のaがついているからダメですよ。

ウ　× damages → ○ damage

訳 嵐が大雨をもたらしているが、現在は何も被害はない。

damageに複数のsをつけてはいけないことを知っていれば、チラっと問題を見るだけでできちゃいますね！

下線部アのis bringingは現在進行形です（☞p.122）。

＊*cause*［〜］… ［〜］をひきおこす　　＊*at present* … 現在

基礎かくにん② 冠　詞

冠詞とは名詞の前につく **a, an , the** です。

1. a, an

数えられる名詞の単数形の前につきます。

anはaア、iイ、uウ、eエ、oオの発音から始まる名詞の前につきます。

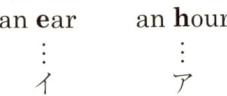

　a, anは、はじめて話題に出たひとつのもの、または「いろいろある」うちのひとつの名詞の前につきます。

　I saw a cat.
　訳 私はネコを見た。
　はじめて1匹のネコが話題に出て、この世にいろいろなネコがいるうちの1匹のネコです。

 2. the

theは数えられる名詞にも数えられない名詞にもつけられます。

①前に一度出てきた名詞をくり返すとき

　I saw **a cat**. **The cat** was very big.

　訳 私はネコを見た。そのネコはとても大きかった。

②はじめて出てくる名詞でもどんなものかわかるとき

　I saw a cat in **the park**.

　訳 私は公園でネコを見た。
　誰でも公園というのはどんなものかわかります。

③**修飾語がついて限定されるとき**

[[**The kitty**](in this box)] is cute.

訳 この箱のなかの子ネコはかわいい。

他の子ネコではなくて「この箱のなかの子ネコ」と、子ネコを限定しています。

基礎かくにん③ 代名詞

名詞の代わりをする語です。 I（私） You（あなた） It（それ） This（これ）などです。

代名詞は文中のどこで使われるかによって形が変わります。
主格、所有格、目的格、所有代名詞という4つの形があります。

		主格	所有格	目的格	所有代名詞
1人称		I 私は	my 私の	me 私に／を	mine 私のもの
		we 私たちは	our 私たちの	us 私たちに／を	ours 私たちのもの
2人称		you あなたは	your あなたの	you あなたに／を	yours あなたのもの
		you あなたたちは	your あなたたちの	you あなたたちに／を	yours あなたたちのもの
3人称	単数	he 彼は	his 彼の	him 彼に／を	his 彼のもの
		she 彼女は	her 彼女の	her 彼女に／を	hers 彼女のもの
		it それは	its それの	it それに／を	物を指す所有代名詞はなし
		Ken ケンは	Ken's ケンの	Ken ケンに／を	Ken's ケンのもの
	複数	they 彼らは／それらは	their 彼らの／それらの	them 彼らに／を／それらに／を	theirs 彼らのもの／物を指す所有代名詞はなし

1. 主格

主格は、主語として使うときの形です。

 2. 所有格

「***My*** pen(私のペン)」の「***My***(私の)」は所有をあらわし、所有格といいます。

人の名前を所有格や所有代名詞にするときには、語尾に**'s**をつけます。Ken(ケン)の所有格や所有代名詞はKen'sです。

Ken's pen　　(ケンのペン)

 3. 目的格

目的格は、他動詞のうしろや前置詞のうしろに置きます。

I met ***him***.　I looked at ***him***.
訳 私は彼に会った。私は彼を見た。

 4. 所有代名詞(=所有格+名詞)

所有代名詞は、「人のもの」という意味をあらわします。

I need a pen. I want to use ***yours***.　(yours = your pen)
訳 私はペンが必要です。私はあなたのペンを使いたい。

「天候・寒暖・時間・距離・明暗」などをあらわす「非人称のIt」

　特に何も指していなくて、文の形を整えるために主語になっていて、ばくぜんと天候や寒暖、時間、距離、明暗などをあらわすItがあります。「それ」と訳さないように気をつけましょう。

　「非人称」とは「人ではない」という意味で、人ではないものを指しているから「非人称のIt」です。

It is windy today.	訳 今日は風が強い。
It is warm inside.	訳 中は暖かい。
What time is **it** now ?	訳 今何時ですか？
It is dark outside.	訳 外は暗い。
It is about two miles to the station.	訳 駅まで約2マイルです。

基礎かくにん④　動　詞

 1．一般動詞

動作や状態をあらわします。

(1) 一般動詞の現在形

　今の状態やいつも習慣的にしていることをあらわす場合は現在形という時制（☞p.116）を使います。3人称単数（☞p.21）が主語で現在形の文の場合には、動詞の最後にsがつきます。これを **3人称単数のs（3単現のs）** といいます。ただし、esをつける場合もあります。

次の文では**3人称単数のsは不要**です。

I know English.

We know English.

You know English.

They know English.

次の文には**3人称単数のsが必要**です。

He knows English.

She knows English.

Tom knows English.

3人称単数のsがesになる場合

動詞の最後が o, s, x, sh, ch で終わる場合は es をつけます。

例　go → goes　　pass → passes　　catch → catches

「子音字（a, i, u, e, o 以外の文字）＋ y」で終わる場合は、y を i に変えて es をつけます。例：cry → cries

楽しようアドバイス♪

「名詞の複数形の作り方（☞p.15）」と同じで、esになるルールを丸暗記するよりも、辞書で確認しながら慣れていく方がはやいですよ。

(2) 一般動詞の過去形・過去分詞形

過去のできごとをあらわす時制を**過去形**と言います。

そして、受動態（☞ p.102）や、現在完了（☞ p.130）や過去完了（☞ p.140）という時制をあらわすのに、**過去分詞形**を使います。

動詞を過去形や過去分詞形にするには①規則変化と②不規則変化があります。

過去形・過去分詞形の作り方

①規則変化　規則変化の場合の過去形・過去分詞形は、動詞の原形（動詞のもとの形）の最後に、規則的に ed または d をつけます。

例

原形		過去形	過去分詞形	
ask	尋ねる	ask**ed**	ask**ed**	動詞の語尾に **ed** をつける
look	見る	look**ed**	look**ed**	
like	好き	lik**ed**	lik**ed**	e で終わる動詞の最後に **d** をつける
love	愛している	lov**ed**	lov**ed**	
save	救う	sav**ed**	sav**ed**	
apply	申し込む	appl**ied**	appl**ied**	語尾が子音字（a,i,u,e,o 以外の文字）+ y の場合は y を i に変えて **ed** をつける
occupy	占める	occup**ied**	occup**ied**	
study	勉強する	stud**ied**	stud**ied**	
try	試みる	tr**ied**	tr**ied**	
drop	落とす	drop**ped**	drop**ped**	短母音（短く発音する a,i,u,e,o）+ 子音字の場合は最後の子音字を重ねて **ed** をつける
knit	編む	knit**ted**	knit**ted**	
skip	跳ぶ	skip**ped**	skip**ped**	
stop	止まる	stop**ped**	stop**ped**	

楽しようアドバイス♪

このように、規則性はあるけど、丸暗記ではなくてなるべく自然に慣れていくようにしましょう。

②**不規則変化**　変化の仕方が不規則なので、ひとつひとつ辞書で形を確認して覚えていくしか仕方がありません (T_T)。

例

原形		過去形	過去分詞形	
cut	切る	cut	cut	A－A－A型
find	見つける	found	found	A－B－B型
have	持っている	had	had	
hold	つかむ	held	held	
keep	保つ	kept	kept	
leave	去る	left	left	
give	与える	gave	given	A－B－C型
lie	横たわる	lay	lain	
rise	上がる	rose	risen	

2. be動詞

be 動詞の原形（もとの形）は be です。

主語や時制によって、am, are, is, was, were と形が変わります。

主　語	現在形	過去形	過去分詞形	～ing 形
I	am	was	been	being
you	are	were		
we／they	are	were		
he／she／it	is	was		

「主語＋be動詞」は短縮してあらわすことがあります。

主語＋be動詞		短縮形
I am	→	I'm
You are	→	You're
We are	→	We're
They are	→	They're
He is	→	He's
She is	→	She's
It is	→	It's

基礎かくにん⑤　形　容　詞

形容詞は、性質や状態をあらわします。たとえば、kind（親切な）happy（幸せな）　beautiful（美しい）などです。

形容詞は名詞を修飾し、次のように使われます。

① a kind girl　→　形容詞のkindは前からうしろの名詞のgirlを修飾しています。

② She is kind. → 形容詞のkindはC（補語）として主語（S）Sheの状
　　S V C 　　態を説明しています。
　　　　　　　　彼女の現在の状態は、親切という状態だというこ
　　　　　　　　とです（補語☞p.34, p.38）。

基礎かくにん⑥　副　詞

形容詞は、名詞を修飾しますが、副詞は何を修飾するのでしょうか？
　一番簡単に言えば、副詞は**名詞以外のもの**を修飾するのです。副詞は、**動詞・形容詞・他の副詞・文全体**を修飾します。

基礎れんしゅう問題 ★

次の4つの文中の、どの単語が副詞かな？

1. He spoke loudly.

2. She is very beautiful.

3. She sang the song very sweetly.

4. Happily, the old man didn't die.

太字になっている単語が副詞です。

1. He spoke **loudly**.　　副詞は**動詞**を修飾する。

   訳 彼は大声で話した。
   副詞 loudly は動詞 spoke を修飾する。

2. She is **very** beautiful.　　副詞は**形容詞**を修飾する。

   訳 彼女はとても美しい。
   副詞 very は形容詞 beautiful を修飾する。

3. She sang the song **very sweetly**.　　副詞は**他の副詞**を修飾する。

   訳 彼女はとても甘い声で歌った。
   副詞 very は他の副詞 sweetly を修飾する。
   副詞 sweetly は動詞 sang を修飾する。

4. **Happily**, the old man didn't die.　　副詞は**文全体**を修飾する。

   訳 幸い、その老人は死ななかった。
   副詞 happily は文全体を修飾する（文修飾）。

基礎かくにん⑦ 助動詞

助動詞は、動詞の前にくっついて動詞を助け、さまざまな意味をつけ加えます。

代表的な助動詞は、can, may, will, must, should などです。

He can swim. 　訳 彼は泳げる。

can には「〜できる」という意味があります。

基礎かくにん⑧ 前置詞

前置詞は名詞の前に置きます。形容詞句や副詞句を作ります（☞p.34）。

[The book]（on [the desk]）is mine. 　訳 机の上の本は、私の本です。

on the desk は前の [the book] にかかる形容詞句

He put [the book]〈on [the desk]〉. 　訳 彼は机の上に本を置いた。

on the desk は動詞 put にかかる副詞句

また、前置詞と自動詞（☞p.34）が組みあわされて、熟語ができます。

look for [〜] … [〜] を探す 　look after [〜] … [〜] の世話をする
take after [〜] … [〜] に似ている

代表的な前置詞は in, at, on, to, about, with, for, by, from, over, under, above, through, beyond, around, into, before, after など。

基礎かくにん⑨　接続詞

接続詞は、語と語、句と句、節と節を結びつけます（☞ p.34, p.61）。

代表的な接続詞は、and, but, or, that, when, while, as, because, if, though, although, whether, unless などです（☞ p.212）。

基礎かくにん⑩　疑問詞

疑問詞は、質問するときに使う語です。

「何：what」
「どれ：which」
「いつ：when」
「どこ：where」
「誰：who」
「どのように：how」

が疑問詞です（☞ p.79）。

単元 2

文型・句と節

● 基礎かくにん ●

① 文の主要素 …………………………… 34
② 句 …………………………………… 34
③ 修飾語 ………………………………… 36
④ SV文型 ……………………………… 38
⑤ SVC文型 …………………………… 38
⑥ SVO文型 …………………………… 41
⑦ SVOO文型 ………………………… 48
⑧ SVOC文型 ………………………… 53
⑨ 節 …………………………………… 61

単元2　文型・句と節

　これから学ぶことは、基本中の基本です。**英語にはたった5つの文型しかありません**。その5つの文型の区別ができて、**句と節**をカッコでくくれるようになれたら、それは大きな大きな1歩です。一緒にがんばりましょう。

基礎かくにん①　文の主要素

　文章は「主要素のS／V／O／C」と「**修飾語**」でできています。
　これからはいつもS（主語）／V（動詞）／O（目的語）／C（補語）を用いて、文構造を確認していきます。

- S（subject）…**主語**　　主語になれるのは名詞・名詞句・名詞節です。

- V（verb）……**動詞**　　動詞は自動詞と他動詞に分かれます。
  自動詞は目的語をうしろに置きません。**自V＋〈副詞〉**
  他動詞はうしろに目的語を置きます。**他V＋[目的語]**

- O（object）…**目的語**　目的語になれるのは名詞・名詞句・名詞節です。

- C（complement）……**補語**　補語になれるのは、主に名詞・形容詞です。

基礎かくにん②　句

　文のなかで、2語以上からなる切り離せないひとまとまりで、そのなかにS＋Vを含まないひとまとまりを「**句**」といいます。名詞のまとまりは[**名詞句**]、形容詞のまとまりは（**形容詞句**）、副詞のまとまりは〈**副詞句**〉とい

います。

　これからこの本ではずっと、**3種類のカッコ**を用いて**句**を区別していきます。

　　　　　　　　［しかくカッコ］… 名詞句
　　　　　　　　（まるカッコ）…… 形容詞句
　　　　　　　　〈とんがりカッコ〉… 副詞句

　名詞は、ビジネスマンが使う四角い「名刺」にかけて、［しかくカッコ］です。

　形容詞は、「けいようし」の「い」がまるっこいので（まるカッコ）です。

　副詞は、「ふくし」の「く」がとんがっているので、〈とんがりカッコ〉です。

基礎れんしゅう問題

次の文の、名詞句、形容詞句、副詞句を区別して、［しかくカッコ］、（まるカッコ）、〈とんがりカッコ〉をつけてみよう。

1. The old book on the table is mine.

2. He put an old book on the table.

こたえ

1. ［The old book］（on the table）is mine.

　　訳 （テーブルの上の）［古い本］は私の本です。

(on the table) は形容詞句として、名詞を**後置修飾**しています。うしろから前の名詞を修飾するという意味です。形容詞句は名詞を後置修飾します。

2. He put [an old book]〈on the table〉.

   訳 彼は〈テーブルの上に〉[古い本]を置いた。

   〈on the table〉は副詞句として動詞のputを修飾しています。副詞は修飾語で、名詞以外の語（動詞、形容詞、他の副詞、文全体）を修飾します。（☞ p.28）

Check ぽいんと

前置詞 + 名詞で、(形容詞句)や〈副詞句〉を作ります。同じon the tableの形ですが、1.の文では形容詞句として使われ、2.の文では副詞句として使われています。

基礎かくにん③ 修飾語

さて、次の文のなかのどの語が修飾語なのでしょうか？

[A pretty bird] flies〈in the air〉.　　訳 かわいい鳥が空を飛ぶ。
　　　S　　　　V　　副詞句

修飾語とは、**冠詞・形容詞・副詞（句）**です（形容詞が修飾語になるのは、

名詞にかかる場合です。形容詞はSVC文型やSVOC文型の補語（C）として使うこともできます）。

　上の文の修飾語は、正確に答えるなら冠詞のA、形容詞のpretty、副詞句の〈in the air〉が修飾語です。しかし、実際は副詞句の〈in the air〉だけを修飾語として考えてください。Aとprettyは[A pretty bird]のひとまとまりで主語としてくくってしまえばよいからです。副詞句の〈in the air〉は修飾語として自動詞のfliesにかかっています。

　文章は、主要素であるS／V／O／Cと修飾語である副詞・副詞句でできていると言えます。だから、S／V／O／Cがわかるのと同時に、副詞・副詞句を〈とんがりカッコ〉でくくれることが重要です。副詞は、動詞・形容詞・他の副詞・文全体を修飾します（☞p.28）。

　副詞や副詞句は文型には関係ありませんが、S／V／O／Cだけでできている文はとても少ないのです。副詞や副詞句によって、文の内容が豊かに飾りつけられるのです。

Check ぽいんと

修飾語とは正確に言えば、「冠詞と名詞にかかる形容詞と副詞」です。だけど実際には、副詞や副詞句を修飾語と考えればよいのです。

基礎かくにん④ ＳＶ文型

「SV文型」は、主語（S）と自動詞（自V）と副詞・副詞句だけでできています。自動詞（自V）は、うしろに目的語を置きません。

[My sister] works ⟨hard⟩⟨every day⟩.
　　S　　　　自V　　副詞　　副詞句

訳 妹は毎日一生懸命勉強する。

基礎かくにん⑤ ＳＶＣ文型

[Her uncle] is [a doctor].

訳 彼女のおじさんは医師です。

この文は [Her uncle] is だけでは意味がわかりません。彼女のおじさんが何なのか、どんな性質・状態なのかを説明する必要があります。[a doctor] をおぎなってはじめて文の意味が完成します。このように主語の説明をする語を補語（C）といいます。補語になれるのは、主に名詞と形容詞です。主語と動詞の他に、補語を必要とする文を「SVC文型」といいます。この文型で使う動詞はうしろに目的語を置かないので自動詞です。そして、この文型で一番よく使われる代表的な動詞は主語の状態説明をする「be動詞」です。

He is [a doctor]. Ｓ　Ｖ　　Ｃ	補語は [a doctor] で名詞	He = a doctor
He is angry. Ｓ　Ｖ　Ｃ	補語は angry で形容詞	He（彼）の状態 = angry

be動詞ではなくてもSVC文型で使える動詞の例

He became [a doctor].　　**become** C　…Cになる　→　He is [a doctor].
He got angry.　　　　　　**get** C　……Cになる
He looks angry.　　　　　**look** C　……Cに見える
He keeps angry.　　　　　**keep** C　……ずっとCの
　　　　　　　　　　　　　　　　　……状態を続ける　　→　He is angry.

「SVC文型」ならば、動詞を「be動詞」に取りかえても変な文にならずに正しい文ができます。

Check ぽいんと

- 動詞を「be動詞」に取りかえられれば、その文は SVCの文型です。
- 補語が名詞の場合は「S＝C [名詞]」
- 補語が形容詞の場合は「Sの状態説明をC (形容詞) がしている」
  　　　　　　　　　　　　　「Sの状態＝C (形容詞)」

基礎 れんしゅう問題

次の文を和訳してみましょう！

1. Milk **turns** sour 〈soon〉〈in summer〉.
   　　S　　V　　C

2. Silk **feels** soft.
   　S　　V　　C

3. She **remained** calm 〈in [the night]〉.
　　S 　　V　　　C

4. She **fell asleep** 〈on [the sofa]〉.
　　S 　　V　　C

5. [The green leaves] **looked** beautiful 〈after [the rain]〉.
　　　　S　　　　　　V　　　C

こたえ

1. 訳 夏には牛乳はすぐに腐る。

   turn + 形容詞 … ～に変わる

   turn sour は直訳だと「すっぱくなる」だけど、牛乳がすっぱくなるというのは「腐る」ということです。go bad も「腐る」という意味なので Milk goes bad. でも同じ意味です。

2. 訳 絹はやわらかい手ざわりです。

   feel + 形容詞 …　～の感じがする

3. 訳 彼女はその夜、冷静なままだった。

   remain + 形容詞 …　ずっと～のままである

4. 訳 彼女はソファーで眠り込んだ。

   fall asleep …　眠り込む

   ＊ *fell* は *fall* の過去形

5. 訳 緑の葉は雨のあとに美しく見えた。

   look + 形容詞 …　～のように見える

基礎かくにん⑥ ＳＶＯ文型

うしろに目的語（動作の対象となる語）を必要とする動詞を「他動詞」といいます。他動詞のうしろは前置詞を置かずに、直接目的語を置きます。「他Ｖ＋［Ｏ］」です。次のふたつの文の構造を考えましょう。

1. She married [a doctor].　　訳 彼女は医者と結婚した。She ≠ a doctor
   　S　　他V　　　O

2. She became [a doctor].　　訳 彼女は医者になった。She ＝ a doctor
   　S　　自V　　　C

1. は「彼女 ≠ 医者」の関係ですが、2. は、「彼女 ＝ 医者」です。そのように考えれば、「SVC文型」と「SVO文型」の区別はかんたんです。

Check ぽいんと

「SVC文型」の場合には、Ｓ＝Ｃ の関係がなりたちます。しかし、「SVO文型」では、目的語とは「動詞の動作の対象」ですから、Ｓ≠Ｏ の関係です。

Power up レクチャー！　　SVOで使う動詞　その１

うしろに前置詞などいらない他動詞なのに、不要な前置詞を入れてくる定番のひっかけ問題があります。これから一緒に練習してみましょう。

正誤でるでる問題

次の文の誤りを訂正してみよう。

1. They discussed about world peace.

2. Noriko married with a comedian.

3. She resembles to her father.

4. He reached to Tokyo Tower.

5. We approached to the castle.

6. We entered into the haunted mansion.

7. He searched her wallet in the house.

8. We attended to the conference.

9. He survived more than his wife.

10. We left from Tokyo for Hawaii.

11. We should mention about the matter.

単元2 文型・句と節　43

こたえ

1. They **discussed** [world peace].

    [〜]について議論する　**about は不要**

    訳 彼らは世界平和について議論した。

2. Noriko **married** [a comedian].

    [人]と結婚する　**with は不要**

    訳 のり子はお笑い芸人と結婚した。

3. She **resembles** [her father].

    [〜]に似ている　**to は不要**

    訳 彼女はお父さんに似ている。　　＊ *resemble* [〜] = *take after* [〜]

4. He **reached** [Tokyo Tower].

    [〜]へ着く　**to は不要**　　＊ *reach* [〜] = *get to* [〜] = *arrive at* [〜]

    訳 彼は東京タワーへ着いた。

5. We **approached** [the castle].

    [〜]に接近する　**to は不要**

    訳 私たちはその城へ接近した。

6. We **entered** [the haunted mansion].

    [〜]に入る　**into は不要**

    訳 私たちはおばけ屋敷へ入った。

    ただし、[抽象的な物]に入る場合には into が必要。

    例：enter into [the negotiation] … 交渉に入る

7. He **searched** [the house] **for** [her wallet].

　　　　　　　　　　↑　　　　　　↑
　　　　　　　　探す場所　　　探す物

　訳 彼はその家で彼女のサイフを探した。

8. We **attended** [the conference].
　　　　↑
　[～]に出席する　　出席するという意味では**to は不要**

　訳 私たちは会議に出席した。

9. He **survived** [his wife].
　　　　↑
　[人]より長生きする　　**more than は不要**

　訳 彼は妻より長生きした。　　＊ *survive* [人] = *outlive* [人]

10. We **left** [Tokyo] **for** [Hawaii].
　　　　↑
　leave [～] for [目的地] … [～]を去って[目的地]へ向かう　**from は不要**

　訳 私たちはハワイへ向けて東京を去った。

11. We should **mention** [the matter].
　　　　　　　　↑
　　　　[～]について述べる　**about は不要**

　訳 私たちはその問題について述べるべきだ。 ＊ *mention* [～] = *refer to* [～]

Check ぽいんと

上の1.～11.の動詞は、「SVO文型」で使う他動詞です。だから、うしろに前置詞などは必要ありません。動詞の意味だけを知っていても、使い方（語法）がわからないと問題はとけないのです。気をつけようね。

単元2 文型・句と節　45

Power up レクチャー！

SVOで使う動詞 その2

　さて、今度は、日本語ではよく使う言葉だけど、英語で言おうとすると、「どの動詞を使えばいいのかな？」と悩むような動詞の練習です。そして、これらは、4択問題や英作文にもよく出ます。さて、「夢をみる」の「みる」って、どんな動詞を使うのかな？「パーティーをひらく」の「ひらく」ってどんな動詞を使うのかな？　下の問題で練習してみよう。

空所補充・英作・でるでる問題

1. 夢をみる　　＿＿＿＿＿〔a dream〕　　×see a dream
   　　　　　　　V　　　　O

2. パーティをひらく　＿＿＿＿＿〔a party〕　　×open a party
   　　　　　　　　　V　　　　O

3. 体重がふえる ⟷ へる

   ＿＿＿＿＿〔weight〕 ⟷ ＿＿＿＿＿〔weight〕
   　V　　　　O　　　　　　V　　　　O

4. 薬を飲む　　＿＿＿＿＿〔the medicine〕
   　　　　　　V　　　　O

5. スープを飲む　＿＿＿＿＿〔the soup〕
   　　　　　　　V　　　　O

6. 地図を描く　＿＿＿＿＿〔a map〕　　×write a map
   　　　　　　V　　　　O

7. まちがえる　＿＿＿＿＿〔a mistake〕　　×do a mistake
   　　　　　　V　　　　O

8. 辞書を引く　＿＿＿＿＿〔a dictionary〕
   　　　　　　V　　　　O

9. 必要を満たす ＿＿＿＿ [the needs]
   　　　　　　　　V　　　　O

10. まちがい電話をする ＿＿＿＿ [the wrong number]
    　　　　　　　　　　　V　　　　　　O

11. 鼻をかむ ＿＿＿＿ [my nose]
    　　　　　　V　　　　O

12. のどが痛い／熱がある

    ＿＿＿＿ [a sore throat] ／ ＿＿＿＿ [a fever]
    　V　　　　　O　　　　　　　V　　　　　O

13. 経営する ＿＿＿＿ [a flower shop]
    　　　　　　V　　　　　O

こたえ

1. **have**
2. **have** または **give** または **hold**
3. **gain** ⟷ **lose**
4. **take**
5. **eat**　マグカップで直接飲むなら **drink** を使います
6. **draw**：drew：drawn
7. **make**
8. **consult**
9. **meet**
10. **have**
11. **blow**：blew：blown
12. **have, have**　＊ *sore* … 痛い
13. **run**

Check ぽいんと

「地図を描く」の「描く」にwriteは使えません。「線や絵を描く」という意味がある draw を使います。 run には「走る」という意味がありますが、[〜] を経営する という意味もあるのですよ。先の1.〜13.の動詞はとってもよく出るので気をつけようね。

Power up レクチャー！ 熟語を他動詞に置きかえてみよう

熟語（動詞句）は他動詞と同じように使えます。熟語は2語以上でできている動詞のひとまとまりです。熟語を、同じ意味の1語の他動詞に書きかえられる例をみてみましょう。

熟語（動詞句）

- They looked into [the cause of the accident].

  = They investigated [the cause of the accident].
  　　S　　　　V　　　　　　　O

  訳 彼らは事故原因を調べた。

- They looked up to [their teacher].

  = They respected [their teacher].
  　　S　　　V　　　　　O

  訳 彼らは先生を尊敬していた。

- We should do away with [the rule].

    = We should abolish [the rule].
    　S　　　　V　　　 O

    訳 私たちはそのルールを廃止するべきだ。

- We must put up with [the noise].

    = We must stand [the noise].
    　S　　　 V　　　 O

    訳 私たちはその音をがまんしなければならない。

基礎かくにん⑦　ＳＶＯＯ文型

SVOO文型は動詞のうしろに２つの目的語がくっつきます。

$$\text{He gave } \underset{S\ V}{\ } \underset{O}{[\text{me}]} \underset{O}{[\text{a nice present}]}.$$

（人）　　（物）

訳 彼は[私]に[すてきなプレゼント]をくれた。

「SVOO文型」はこのように **SV [人] [物]** という順番になり、「SVO＋前置詞＋[人]」に書きかえることができます。

　　　　人　　　物
He gave [me] [a nice present]. = He gave [a nice present] **to** [me].
　S　V　 O　　　　O　　　　　　　　S　V　　　　O　　　　　　人

単元 2　文型・句と節

この書きかえをする際には、前置詞に注意しなければなりません。動詞によって、3種類の前置詞を使いわけなければならないからです。

空所補充・4択 でるでる問題

空所に適当な前置詞を入れてみよう。

1. He bought [me] [some books].

    = He bought [some books] ＿＿＿＿ [me].

2. He asked [me] [some questions].

    = He asked [some questions] ＿＿＿＿ [me].

こたえ

1. **for**　訳 彼は私に何冊かの本を買ってくれた。
2. **of**　訳 彼は私にいくつかの質問をした。

Power up レクチャー！

SVOO → SVO 前置詞＋人

上の書きかえでは、**to** を使う動詞と、**for** を使う動詞と、**of** を使う動詞の区別をしなければならないのです。これから整理していきましょう。

to を使う動詞　……　**bring, give, lend, pay, send, show, tell, teach, offer** など

これらの動詞は、**相手がいないとできない動詞**です。

たとえば、giveは、相手がいないと「与える」ことはできません。teachも相手がいなければ教えることはできませんよね。toは「人に対して」の意味をあらわします。

[forを使う動詞] … **make, choose, cook, order, do, buy, get, find** など

これらの動詞は**相手がいなくてもできる動詞**です。たとえば、buyは相手などいなくても、買い物ができます。人に買ってあげるより、自分の買い物をする方が楽しいですよね。

わざわざ相手のためにしてあげるのだから、forは「人のために」の意味をあらわす「利益のfor」です。

[ofを使う動詞] … **ask**だけ

Check ぽいんと

forを使う動詞のゴロ

ママ	チョコ	オーダー	して	ドッと	買って	ゲップ
make	choose cook	order	do	buy	get	find

「甘いものが大好きな**ママ**が**チョコ**レートを通販で**オーダー**（注文）して**ドッ**とたくさん**買って**、支払いは月賦（**ゲップ**）にした」というストーリーのゴロです。

このゴロに出てくる動詞は for を使って書きかえをします。ofを使うのはaskだけだから、その他の残りの動詞はtoを使って書きかえればよいということになります。これでバッチリですよ！

次の問題でもう少しおさらいしてみましょう。

単元 2　文型・句と節　51

空所補充・4択 でるでる問題

空所に適当な前置詞を入れてみよう。

1. Will you do [me] [a favor]?　訳 ちょっとお願いしていいですか？
   　S　V　 O　　O

   = Will you do [a favor] _____ [me]?

2. May I ask [you] [a favor]?　訳 ちょっとお願いしていいですか？
   　S　V　 O　　 O

   = May I ask [a favor] _____ [you]?

こたえ

1. **for**

   favorは「親切な行為」という意味の名詞で、直訳すると「私に親切をしてくれませんか？」。doは「forを使う動詞のゴロ」に入っている動詞なので、答えはforです。

2. **of**

   直訳は、「あなたに親切をたのんでいいですか？」。askはofを使う動詞だから答えはofです。

Power up レクチャー！ SVOO文型で使う特に重要な動詞

save [人]から[〜]を省く

Computers save [us] [a lot of time and trouble].
　　　　S　　　V　　O　　　　O

訳 コンピューターは私たちからたくさんの手間暇を省いてくれる。

cost [人]に[お金]がかかる

[This hat] cost [me] [ten dollars].
　　S　　　V　　O　　O

訳 この帽子は10ドルした。

[人]から[〜]を犠牲にする

The work cost [him] [his life].
　S　　　　V　　O　　　O

訳 その仕事で彼は命を落とした。

「彼がその仕事をするのに、お金ではなくて命がかかってしまった」ということです。

spare [人]に[〜]をとっておく

Can you spare [me] [5 minutes]?
　　S　　V　　　O　　O

訳 5分お時間いただけませんか？

　これらの例文は必ず訳せるように練習しましょう。4択問題や語句整序（並べかえ問題）などにもよく出てきます。

単元2 文型・句と節

基礎かくにん⑧ ＳＶＯＣ文型

次の文を比較してみよう。

1. They offered [him] [a job].　訳 彼らは彼に仕事を与えた。

　　　　　　　　「SVOO文型」の場合は $O_1 \neq O_2$ の関係です。
　　　　　　　　　　　　　　　　[him] ≠ [a job]
　　　　　　　　彼は人間ですよ。 彼は仕事ではありませんよね。

2. We call [him] [Taka-chan].　訳 私たちは彼をたかちゃんと呼ぶ。

　　　　　　　　「SVOC文型」の場合は O ＝ C の関係です。
　　　　　　　　　　　　　　　　[him] = [Taka-chan]

Check ぽいんと

「SVOO文型」では O ≠ O の関係。
「SVOC文型」では O ＝ C の関係。

目的語Oになれるのは「名詞・名詞句・名詞節」だけです。

しかし、補語の形はさまざまです。補語Cがどんな形でも、OとCの間には、1つのルールがあります。「SVOC文型」の補語Cは必ず、Oの説明をしているのです。OをSに直してうしろにbe動詞を入れると、SVCの関係になります。つまり、SVOC文型の文にはSVC文型が組み込まれていて、組み込みにあたって、be動詞が削除されたと考えられています。例文でみてみましょう。

```
S V O C                    We call him Taka-chan.
  ↓
  Sに直してうしろにbe動詞を入れると → He is Taka-chan.
       ＳＶＯＣ文型のなかに ＳＶＣ文型が組み込まれている感じ
```

それでは、これからSVOC文型の補語のさまざまな形を整理しましょう。

① Cが名詞

He made Nancy [his secretary].　　訳 彼はナンシーを秘書にした。
S　　V　　O　　　C

補語が名詞の場合にはOとCは「O = C」の関係です。

OとCは *Nancy was his secretary.* の関係になっています。

② Cが形容詞

I found [the book] interesting.　　訳 私はその本をおもしろいと思った。
S　V　　　O　　　　C

Cが形容詞の場合にはOの状態説明をCはしています。

The book was interesting. の関係になっています。

③ Cが〜ing

Cが「〜ing形」の場合にはOとCは進行形の関係です。進行形とは、「be動詞 + 〜 ing」の形で「〜している最中」をあらわします (時制☞ p.122)。

I saw [the man] crossing [the street].
S　V　　O　　　　C

訳 私は男が通りを横断しているところを見た。

OとCは進行形の関係ですから、*The man was crossing the street.* の関係であり、「男がちょうど通りを渡っている最中の一場面を見た」ということです。

単元 **2** 文型・句と節　55

4 Cが原形不定詞（動詞の原形）

> この項はもしも難しいと感じたら、先に受動態（☞ p.102）、不定詞（☞ p.162）を勉強してからあらためて読んでね。ちょっと難しいかもしれないけど、頑張ろうニャ！

　Cが原形不定詞の場合、SVOC文型の動詞は、**知覚動詞**か**使役動詞**のどちらかです。

　知覚動詞は「見たり・聞いたり・感じたり」をあらわす動詞です。

　使役動詞は「人にやらせる・やってもらう」という意味をあらわす動詞です。

(1) Vが知覚動詞の場合

> V（知覚動詞）O　C（原形不定詞）〜：Oが〜する**(一部始終)**をVする

　　　I saw [the man] cross [the street].
　　　S　V　　　O　　　　C

　　　訳 私は男が通りを横断するのを見た。

OとCは、*The man **was to cross** the street.* の関係になっていると考えられます。

　OとCの間にはbe動詞だけでなく**to**もおぎなって考えます。補語になるときに、**to**がとれてしまったと考えられています。もともとは「to + 動詞の原形（to不定詞）」だったものが、**to**がとれて原形だけになってしまったので、**原形不定詞**と呼ばれます。

　was to cross の部分は、「be to 不定詞」（☞ p.193）と呼ばれる不定詞の用法で、助動詞と同じような意味をもちます。ここでは、***was to cross*** = **could** cross の意味なので、「私は、男が通りを横断するこ

とが**できた**のを見た」のです（couldは助動詞で「can（できる）」の過去形です）。だから、渡りはじめから渡り終わりまで、横断できた**一部始終**を見たことになります。

受動態に注意 （☞ p.105）

[人] was seen to 不定詞　　[人]は～する**(一部始終)**を見られた

[The man] was seen ***to*** cross [the street].

受動態の文で、toが省略されずに残っているのは、toがある方が言いやすいからです。

ひと休み 豆知識コーナー♪

英語には、「be able *to* do ～ … ～できる」のような、「be動詞 + 形容詞 + *to* do ～」の形の慣用表現が山のようにたくさんあります。 ableは形容詞です。seenは動詞の過去分詞形ですが、過去分詞（☞p.25）は形容詞の性質です。だから、be able *to* do ～ の *to* と上の文の be seen *to* cross ～ の *to* は口に出すと同じリズムになります。リズムがよくていいやすいから、be seen *to* cross ～ の *to* は省略されずに残っていると思われます。

(2) Vが使役動詞の場合

この場合の使役動詞は次の **make, have, let** の3つだけです。

①make　（強制的に）無理やりさせる

He made her do [the work].　訳 彼は彼女に無理やりその仕事をやらせた。
S　V　O　C

受動態に注意　She was made ***to*** do [the work].

訳 彼女は無理やりその仕事をやらされた。

② have　させる　してもらう（相手の同意あり）　受動態にしない

I had [my sister] help me.　訳 妹に手伝わせた。
S　V　　O　　　　C　　　　　　または、妹に手伝ってもらった。

　強制的ではなく、妹は同意しています。「させる」と訳すか「してもらう」と訳すかは、主語と目的語の人間関係や状況で決めます。目的語が妹なら、「妹に手伝わせたのよ〜」と上から言ってもよいですが、目上の人なら「手伝っていただいた」と訳します。

③ let　許可　やりたいことをやらせてあげる

I will let him go there.　訳 彼をそこへ行かせてあげるつもりです。
S　V　　O　C

この文では、助動詞willは「〜するつもり」という意味です。

受動態に注意　使役動詞のletはhaveと同じで、受動態で使えません。だから、この文を受動態にする場合はletを使わずにallowを使います。

I will let him go there. = I will allow him to go there.

　　　　　　　＊*allow* [人] *to do* 〜 …［人］が〜することを許可する

→ **受動態**　He will be allowed to go there.
　　　　　　訳 彼はそこへ行くことを許されるだろう。

4択でるでる問題

空所に入れる語を選んでみよう。

1. I saw a dog ＿＿＿＿＿＿ under the tree.

　　ア　lie　　イ　lying

2. We were made _____ our car by the police.

　ア　moved　　イ　move　　ウ　to move　　エ　moving

こたえ

1. **イ**

　　lie：自動詞　横たわる

　　lie − lay − lain − lying　（原形／過去形／過去分詞形／〜 ing 形）
　　下の①と②の違いに注意しよう。

　　① I saw [a dog] lying 〈under [the tree]〉.
　　　　S　V　　O　　　C

　　訳 犬が木の下で寝ているのを見た。

　　補語が〜 ing 形の場合は、OとCは進行形の関係だから、寝ている**最中の一場面**を見たことになります。

　　「通りかかったら、犬がたまたまちょうど木の下で寝ている最中だったのを見た」という意味の文です。

　　アの原形不定詞を選んでしまうと、次の文ができあがります。

　　② I saw [a dog] lie 〈under [the tree]〉.
　　　　S　V　　O　　C

　　V（saw）[O] C（原形不定詞）の場合には、動作のはじめから終わりまで**一部始終**を見たことになります。すると「犬が寝始めてから起きるまでずっと見ていた」という意味になってしまいます。もし犬が6時間も寝ていたら、その間ずっと見ていたことになるわけで、これは常識的にありえませんね。

2. **ウ**

　使役動詞のmakeの補語は原形不定詞ですが、受動態になると、「to不定詞」になります。よく出るから要注意です。

　訳 私たちは、警察に車を移動させられた。

---

5 Cが過去分詞（過去分詞 ☞ p.25）

I heard [my name] called.　　訳 名前が呼ばれるのを聞いた。
S　V　　O　　　C

OとCは受動態の関係で、*My name was called.* の関係です。
（受動態 ☞ p.102）　　　　　　　私の名前が呼ばれた。

基礎れんしゅう問題 ★

それぞれの文の文型がわかるかな？

1. She made me a nice cup of tea.

2. I found a new bed comfortable.

3. She visited the temple in Kyoto alone during the summer vacation last year.

4. They arrived here safely last night.

5. His dream came true at last.

こたえ

1. She made me [a nice cup of tea].
      S   V   O   O   me ≠ [a nice cup of tea]

   訳 彼女は僕においしい一杯の紅茶を入れてくれた。

2. I found [a new bed] comfortable.
     S V   O   C

   「[A new bed] was comfortable.」の関係
   訳 私は新しいベッドを快適だと思った。

3. She visited [the temple (in Kyoto)] 〈alone〉
     S   V   O

                     〈during the summer vacation〉〈last year〉.

   訳 彼女は去年、夏休み中に、ひとりぼっちで京都のお寺を訪ねた。

4. They arrived 〈here〉〈safely〉〈last night〉.
      S   V

   訳 彼らは夕べ、無事にここに着いた。

5. [His dream] came true 〈at last〉.   訳 彼の夢はついに実現した。
        S   V   C
                                    *at last … ついに、とうとう

   動詞を「be動詞」に取りかえて文として意味が通ればSVC文型です。
   His dream was true. という文ができます。

単元2 文型・句と節

基礎かくにん⑨ 節

　文のなかで、2語以上からなる切り離せないひとまとまりで、その中のS＋Vを含むまとまりを「**節**」といいます。名詞のひとまとまりは［名詞節］、形容詞のひとまとまりは（形容詞節＝関係詞節）、副詞のひとまとまりは〈副詞節〉といいます。

　これから、この本では、句（☞p.34）のときと同じ**3種類のカッコ**を使って、**節**を区別します。

　　［しかくカッコ］……　名詞節
　　（まるカッコ）………　形容詞節
　　〈とんがりカッコ〉…　副詞節

　名詞のひとまとまりは名詞句も名詞節も［しかくカッコ］、形容詞のひとまとまりは形容詞句も形容詞節（＝関係詞節）も（まるカッコ）、副詞のひとまとまりは副詞句も副詞節も〈とんがりカッコ〉です。

1. 名詞節

　thatは名詞節を作る代表的な接続詞です。名詞節の先頭にきて、「〜ということ」と訳します。

基礎れんしゅう問題

次の文の名詞句と名詞節の部分を［しかくカッコ］でくくってみよう。

1. That he is handsome and funloving is certain.

2. The trouble is that I have no money and no girlfriend.

3. I know that he is a surfer.

4. He told me that he loved Aya.

こたえ

1. [That he is handsome and funloving] is certain.
   　　　S　　　　　　　　　　　　　　　V　C

   訳 彼がハンサムで遊び好きだということは確かです。

   接続詞のthatから funlovingまでが名詞節で、文の主語になっています。

2. [The trouble] is [that I have [no money] and [no girlfriend]].
   　　S　　　　V　　　　　　　　　　　　　C

   訳 問題は、僕にはお金がないし彼女もいないということです。

   意訳 困ったことに僕にはお金がないし、彼女もいません。

   接続詞のthatからピリオドの前までが名詞節で、文の補語になっています。

3. I know [that he is a surfer].
   S V　　　　　O

   訳 私は彼がサーファーだということを知っている。

   接続詞のthatからピリオドの前までが名詞節で、文の目的語になっています。

4. He told me [that he loved Aya].
   S V O　　　　　O

   訳 彼は私にあやちゃんが大好きだと言った。

   接続詞のthatからピリオドの前までが名詞節で、文の目的語になっています。

Check ぽいんと

名詞節は、文の中の名詞のひとまとまりで、主語になったり、補語になったり、目的語になったりします。接続詞や疑問詞などが名詞節の先頭にきて、名詞節を作ります。

Power up レクチャー！

仮主語（形式主語）や仮目的語（形式目的語）のit

itがあとに続く名詞句や名詞節を指すことがあります。主語や目的語が長くなるのを避ける用法です。このitを「**仮主語（形式主語）**」とか「**仮目的語（形式目的語）**」といいます。

そして、そのitが指す名詞句や名詞節を「**真主語**」とか「**真目的語**」といいます。

1 仮主語

It is clear that he will hold me 〈tight〉〈tonight〉.
＝［That he will hold me 〈tight〉〈tonight〉］is clear.
Itは仮主語でthat以下の名詞節が真主語。
訳 彼が今夜私を強く抱きしめることは明らかです。

2 仮目的語

I consider it natural that he got tired 〈in the night〉.
S　V　O　C

itは仮目的語でthat以下の名詞節が真目的語。
訳 私は彼がその夜、疲れたことを当然と思う。

2. 形容詞節（＝関係詞節）

　形容詞節というのはおもに関係詞節のことなので、これからは関係詞節と呼びます。

　形容詞は名詞を修飾します。関係詞はうしろから前の名詞（先行詞）を修飾するので、関係詞節は形容詞節なのです。

基礎 れんしゅう問題

次の文の関係詞節を（まるカッコ）でくくってみよう。

1. Kenichi bought a watch which was made in Switzerland.

2. He told me the reason why he was late for school.

こたえ

1. Kenichi bought [a watch]（which was made in Switzerland）.
 　　S　　　V　　　　O
   訳 ケンイチは（スイス製の）[時計]を買った。

　関係代名詞のwhich以下は[a watch]の説明をしていて、うしろから

a watchを修飾しています。

2. He told me [the reason] (why he was late for school).
 　S 　V 　O 　　　O

   訳 彼は（学校に遅刻した）[理由] を私に話した。

   関係副詞のwhy以下は [the reason] の内容を説明していて、うしろから [the reason] を修飾しています。　＊ *be late for* [〜] … [〜]に遅れる

3. 副詞節

when ／ because ／ as ／ though などの接続詞によってみちびかれ、主節全体を修飾します（**接続詞** ☞ p.218, 223, 225）。

基礎 れんしゅう問題

次の文の副詞節を〈とんがりカッコ〉でくくってみよう。

1. My boyfriend and I couldn't come home because we missed the last train.

2. Though he is very old, he likes young women.

こたえ

1. [My boyfriend and I] couldn't come home ⟨because we missed
    　　　　S　　　　　　　　　V　　　　　　　　　　　S　　V
    　　　　　　　　主節　　　　　　　　　　　　　　副詞節

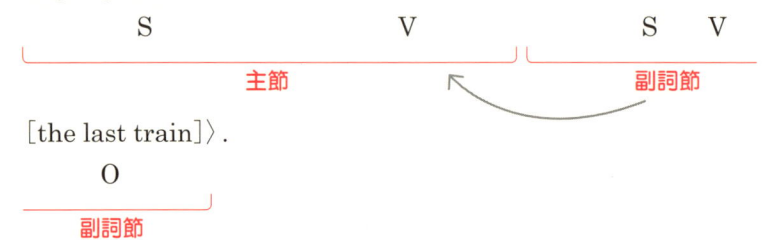

   [the last train]⟩.
    　　O
    副詞節

   訳 ⟨終電に乗り遅れたので⟩、彼氏と私は帰れなかった。

2. ⟨Though he is (very old)⟩, he likes [young women].
    　　　　S V　　C　　　　S　V　　　　O
    　　副詞節　　　　　　　　　主節

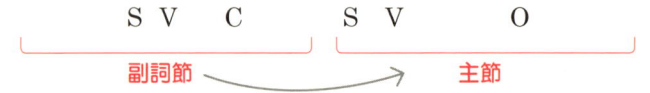

    ＊ Though S V～ … ～だけれども

   訳 ⟨彼はとても歳をとっているけれど⟩、若い女性が好きです。

Check ぽいんと

接続詞を先頭にしている方の文を「副詞節」といい、もう一方の文を「主節」といいます。副詞は文全体を修飾します。それを文修飾といいます。副詞節は、主節全体を修飾します。

（副詞 ☞ p.28）

✳ まとめのかくにん問題 ✳

1 次の文は5つの文型のどれでしょうか？　動詞の意味の違いに注意して和訳してみましょう。

1. （1）They left me alone.
   （2）Did he leave me any message ?

2. （1）He made her his maid.
   （2）She will make me a good dress.

3. （1）I found the book easily.
   （2）I found the book easy.

2 次の各英文に、名詞句、名詞節にはしかくカッコ [ ]、形容詞句、形容詞節（関係詞節）にはまるカッコ ( )、副詞句、副詞節にはとんがりカッコ 〈 〉 をつけてみましょう。

1. A boy with a dog is one of my classmates.

2. I hope that I will look slim in the black dress at the party.

3. He told me the date and the place of his birth.

4. He says that he got a culture shock when he went to India last summer.

5. Because I like fat women, you can eat the cake on the table.

3 空所に入れる最も適当な語を選びましょう。

1. I found a nice tie (　　) my boyfriend.

　ア　to　　イ　for　　ウ　over　　エ　of

2. I will not (　　) him buy such an expensive motorbike.

　ア　make　　イ　have　　ウ　let　　エ　get

3. I had the housekeeper (　　) us tea.

　ア　bring　　イ　brings　　ウ　bringing　　エ　brought

4. Did you hear him (　　) down the stairs ?

　ア　come　　イ　comes　　ウ　to coming　　エ　came

5. I was made (　　) in the waiting room for more than three hours.

　ア　wait　　イ　to wait　　ウ　waited　　エ　be waited

単元2 文型・句と節

こたえ

1

1. (1) They left me alone.　　OとCは「I was alone.」の関係。
　　　 S　V　 O　C

   訳 彼らは私をひとりに放っておいた。

   * *alone*は形容詞：ひとりの　　* *leave O C* … OをC（の状態）に放っておく

   (2) Did he leave me [any message] ?　　me ≠ [message]
　　　　　S　V　 O　　　 O

   訳 彼は私に何かメッセージを残しましたか？

2. (1) He made her [his maid].　　OとCは「She was his maid.」の関係。
　　　 S　V　 O　　　C　　　　　her = his maid

   訳 彼は彼女を彼のメイドにした。　　* *make O C* … OをCにする

   (2) She will make me [a good dress].　　me ≠ [a good dress]
　　　　S　　V　　 O　　 O

   訳 彼女は私にステキな服を作ってくれるでしょう。

3. (1) I found [the book] ⟨easily⟩.
　　　 S　V　　 O

   訳 私は簡単にその本を見つけた。　　* *easily*は副詞：簡単に

   (2) I found [the book] easy.　　OとCは「The book was easy.」の関係。
　　　　S　V　　 O　　　C

   訳 私はその本が簡単だとわかった。　　* *find O C* … OをCとわかる

2

1. [A boy (with [a dog])] is [one (of my classmates)].
   　　S　　　　　　　　　 V　 C

   訳 犬と一緒にいる男子は、私のクラスメートのうちのひとりです。

2. I hope [that I will look slim ⟨in the black dress⟩⟨at the party⟩].
   S V　O　　s　　v　　 c

   訳 私はパーティで黒いドレスを着てやせて見えることを望んでいます。
   ＊*look slim*… やせて見える　＊*in* [～] … [～]を着て (inは「着用のin」)

3. He told me [[the date and the place](of his birth)].
   S　V　O　　　O

   訳 彼は私に、彼の生まれた日にちと場所を話した。

4. He says [that he got [a culture shock]⟨when he went ⟨to India⟩
   S　V　　O　s　v　　　　o　　　　　　　s　v

   ⟨last summer⟩⟩].

   訳 彼は、「昨年の夏にインドへ行った時にカルチャーショックを受けた」と言っている。

5. ⟨Because I like [fat women]⟩, you can eat [[the cake](on the
   　　　　S　V　　　O　　　　S　　V　　　O

   table)].

   訳 僕は太った女性が好きなのだから、君はテーブルの上のケーキを食べていいんだよ。
   ＊助動詞の*can*は「～できる (可能)」の他に「～していいよ (許可)」をあらわす意味もあります。

3

1. **イ**　訳 私はステキなネクタイを彼氏に見つけました。
   I found [my boyfriend] [a nice tie].
   S V   O   O

   = I found [a nice tie] **for** [my boyfriend].
     S V   O

   「SVOO」から「SVO＋前置詞＋［人］」に書きかえる際には、3つの前置詞を使いわけました（☞p.49）。findは「forタイプの動詞のゴロ」に入っています。

2. **ウ**　訳 私は彼がそんな高いオートバイを買うのを許しません。
   I will not let him buy [such an expensive motorbike].
   S   V O Cᵛ   ᵒ

   使役動詞の**let**は「OがCするのを許可する」と訳し、補語には原形不定詞を置きます（☞p.57）。使役動詞のmake｛強制｝やhave｛～させる・してもらう（相手はOKしている）｝との意味の違いを区別しましょう。

3. **ア**　訳 私は家政婦さんに、私たちにお茶を持ってきていただいた。
   I had [the housekeeper] bring us tea.
   S V   O   Cᵛ   ᵒ ᵒ

   使役動詞の**have**は、「～させる・～してもらう」と訳し、補語には原形不定詞を置きます（☞p.57）。OとCは、「家政婦さんがお茶を持ってくる」というSVの関係。

4. **ア**　訳 あなたは彼が階段を下りてくるのが聞こえましたか？
   Did you hear him come down [the stairs]?
           S   V   O   C

   知覚動詞の**hear**は「OがCするのを聞く」と訳し、補語には原形不定

詞を置きます(☞ p.55)。OとCは「彼が階段を下りる」というSVの関係。

5. **イ**　訳 私は待合室で3時間以上待たされた。

They made me wait ⟨in the waiting room⟩
　S　　V　　O　　C

⟨for more than three hours⟩.

訳 彼らは私を待合室で3時間以上待たせた。

→ 受動態は I was made to wait ⟨in the waiting room⟩⟨for more than three hours⟩.

使役動詞 make は補語には原形不定詞を置くが、受動態の場合は to 不定詞になる (☞ p.56, 105)。

＊ *more than* [～] … [～] 以上　＊前置詞の *for* は「期間」をあらわします。

単元 3

文の種類

●基礎かくにん●

① 平叙文 …………………………………………… 74
② 疑問文 …………………………………………… 76
③ 命令文 …………………………………………… 92
④ 感嘆文 …………………………………………… 93
⑤ There is [a 名詞]. ／ There are [複数名詞].
　………………………………………… 94

単元3 文の種類

英語の文は、**1.平叙文**（①肯定文 ②否定文）、**2.疑問文**、**3.命令文**、**4.感嘆文**に分類できます。

基礎かくにん① 平叙文（へいじょぶん）

事実をそのまま述べる文。「ＳＶ～」の語順で、①**肯定文**と ②**否定文**があります。文の終わりには**.（ピリオド）**をつけます。

否定文の作り方

「be 動詞」の場合	S ＋ be動詞 ＋ not ～ .
「一般動詞」の場合	
現在形	S ＋ do ＋ not ＋ 動詞の原形～ .
現在形（3人称単数）	S ＋ does ＋ not ＋ 動詞の原形～ .
過去形	S ＋ did ＋ not ＋ 動詞の原形～ .
「助動詞」の場合	S ＋ 助動詞 ＋ not ＋ 動詞の原形～ .

基礎れんしゅう問題

次の肯定文を否定文に書きかえてみよう！

1. The cat is famous in the town.

単元3　文の種類

2. I think the man dangerous.

3. They invited me to the Christmas party.

4. He will ask her out for dinner.

こたえ

1. **The cat is not famous ⟨in the town⟩.**
   → 短縮形　The cat isn't famous ⟨in the town⟩.
   　　　　　　 S 　V 　　 C

   訳　そのネコは町で有名ではない。

2. **I do not think [the man] dangerous.**
   → 短縮形　I **don't think** [the man] dangerous.
   　　　　　　 S 　　V 　　　O 　　　　C

   訳　私はその男を危険だとは思わない。

3. **They did not invite me to [the Christmas party].**
   → 短縮形　They **didn't invite** me ⟨to [the Christmas party]⟩.
   　　　　　　　S 　　V 　　　O

   訳　彼らは私をクリスマスパーティーに招かなかった。

   ＊ *invite* [人] *to* [～] … [人]を[～]に招待する

4. He will not ask her out for dinner.
   → 短縮形 He won't ask her out for dinner.
   　　　　　S　　　V　　O

   訳 彼は彼女を夕食に誘わないだろう。

   ＊ ask [人] out for dinner … [人]を夕食に誘い出す

Check ぽいんと

否定文では短縮形がよく使われます。

are not → aren't　was not → wasn't　were not → weren't

does not → doesn't　cannot → can't　should not → shouldn't

などです（amにはamn'tという短縮形はないので気をつけてね）。

基礎かくにん② 疑問文

人にものをたずねるときに使う文で、最後に「?」をつけます。

1. 疑問詞を使わない疑問文

疑問文の作り方

「be動詞や助動詞を含む文」の場合 …
　　　　　　　be動詞や助動詞を主語(S)の前に置きます。

単元3　文の種類　77

「一般動詞を含む文」の場合
現在形……………………………Do　＋ S ＋ 動詞の原形〜？
現在形（3人称単数）……………Does ＋ S ＋ 動詞の原形〜？
過去形……………………………Did　＋ S ＋ 動詞の原形〜？

　このような疑問文を声に出して読むときには、文尾を上げて上昇調↗で読みます。そして、答えるときには、**Yes**や**No**で答えます。

基礎 れんしゅう問題

次の肯定文を疑問文に書きかえて、答えの文も書いてみよう！

1. She is [a ski-instructor].
   　S　V　　　　C

2. He can cook [his girlfriend][a delicious meal].
   　S　　V　　　　O　　　　　　　O

3. They get up 〈early〉〈every morning〉.
   　S　　V

4. She believes in [ghosts].
   　S　　V　　　　O

5. He breathed [words (of love)].
   　S　　V　　　　O

こたえ

1. Is she [a ski-instructor]? … Yes, she is. / No, she isn't.
      V S   C

   訳 彼女はスキーのインストラクター（指導者）ですか？
   　　はい。／いいえ。

2. Can he cook [his girlfriend] [a delicious meal]?
   　　S   V   O   O

   … Yes, he can. / No, he can't.

   訳 彼は恋人においしい食事を作ってあげることができますか？
   　　はい。／いいえ。

3. Do they get up ⟨early⟩ ⟨every morning⟩?
   　　S   V

   … Yes, they do. / No, they don't.

   訳 彼らは毎朝、早起きしますか？　はい。／いいえ。

4. Does she believe in [ghosts]? … Yes, she does. / No, she doesn't.
   　　S   V   O

   訳 彼女は幽霊の存在を信じますか？　はい。／いいえ。
   ＊ *believe in* [～] … [～]の存在を信じる

5. Did he breathe [words (of love)]? … Yes, he did. / No, he didn't.
   　　S V   O

   訳 彼は愛の言葉をささやきましたか？　はい。／いいえ。

2. 疑問詞を使う疑問文

YesやNoで答えることができません。

「what 何／which どちら／who 誰／whose 誰のもの／when いつ／where どこ／why なぜ／how どのように」という疑問詞で文を始めて、声に出すときには、ふつう文尾を下げて下降調↘で読みます。

(1) 疑問詞自体が主語になる場合

疑問詞自体を主語にして平叙文と同じ語順になります。

疑問詞自体が主語だから、「［疑問詞Ｓ］Ｖ～　？」の語順です。

Who is absent 〈today〉?　　　Tom is.
　Ｓ　　Ｖ　　Ｃ

訳 今日は**誰**が欠席ですか？　　トムです。

Who played [an important role]〈in [the project]〉?　　Mary ＊did.
　Ｓ　　Ｖ　　　　　Ｏ

訳 **誰**がその計画で重要な役割を果たしましたか？　　メアリーでした。

＊ *play a role* … 役割を果たす

※長く答えるなら、Mary played [an important role].ですが、played以下をくり返すのはくどいですよね。

　だから、かんたんに、Mary did. と答えることができます。このdidを、**代動詞**といいます。代動詞の形は、主語や時制に合わせて、doやdoesやdidになるから気をつけてね。

What happened ?　　　[My car] broke down 〈on [the way]〉.
　S　　V

訳 何かありましたか？　　車が途中で故障しました。

　　　　　　　　　　＊ *break down* … 故障する　＊ *on the way* … 途中で

(2) 疑問詞自体が主語以外の場合

「疑問詞＋疑問文の語順？」の形です。

Who is he ?　　　He is [my boyfriend].
　C　V　S　　　　S　V　　　C

訳 彼は誰ですか？　　彼は私の恋人です。

Who did you meet 〈by chance〉?　　I met [my old friend] 〈by chance〉.
　O　　　S　V　　　　　　　　　　　S　V　　　O

訳 誰に偶然会ったのですか？　　私は昔の友達に偶然会いました。

　　　　　　　　　　　　　　　　　　＊ *by chance* … 偶然に

Where does she live ?　　She lives 〈near [Tokyo Skytree]〉.
　　　　　　S　　V　　　　S　　V

訳 彼女はどこに住んでいますか？　　彼女は東京スカイツリーの近くに住んでいます。

When will he come ?　　He will come 〈at midnight〉.
　　　　　S　V　　　　　S　　V

訳 いつ彼は来ますか？　　彼は夜中に来ます。

How do you go to university ?　　I go to school 〈on foot〉.
　　　　　S　V　　　　　　　　S　V

訳 どうやって大学に行きますか？　僕は大学に歩いて行きます。

*on foot … 徒歩で

(3) whose + 名詞・what + 名詞・which + 名詞

whoseは必ず「whose + 名詞」の形で使います。whatとwhichもうしろの名詞とセットにして使うことができます。

[Whose smart phone] is this ?
　　　　　　　　　　　C　　 V　S

訳 これは誰のスマホですか？

[What smart phone] do you want ?
　　　　　　　　　　　O　　　S　V

訳 どんなスマホがほしいですか？（選択肢がなくてばくぜんとたずねている）

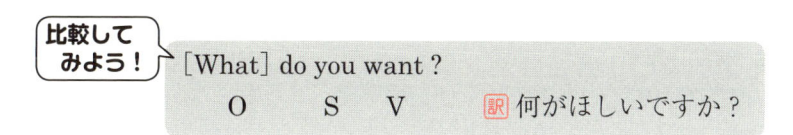

比較してみよう！
[What] do you want ?
　O　　　S　V　　訳 何がほしいですか？

[Which smart phone] do you want ?
　　　　　　　　　　　O　　　S　V

訳 どのスマホがほしいですか？
（２つ以上の選択肢のなかからどのスマホがほしいのかたずねている）

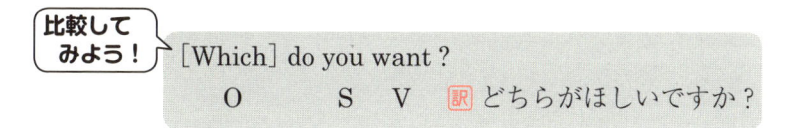

比較してみよう！
[Which] do you want ?
　O　　　S　V　　訳 どちらがほしいですか？

(4) さまざまな How を使う疑問文

①How much ＋ 不可算名詞～？　　どれだけ (の量)～

[How much sugar] do you want 〈in your coffee〉?
訳 コーヒーに砂糖はどれくらい入れますか？

②How many ＋ 複数名詞～？　　いくつ (の数)～

[How many dictionaries] does he have?
訳 彼は辞書を何冊持っていますか？

③How much ～？　　いくら (の金額)～

How much is [this camera]?
訳 このカメラはいくらですか？

How much did you pay 〈for [that old bike]〉?
訳 あの古い自転車にいくら払ったんだい？

④How many times ～？　　何回～

How many times did you see [the movie]?
訳 何回その映画を見ましたか？

⑤How often ～？　　どのくらいの頻度で～

How often does he date with [his girlfriend]?
訳 彼はどのくらい頻繁(ひんぱん)に彼女とデートするの？

⑥How long ～？　　どのくらいの時間～ (合計時間を聞く)

How long does it take 〈from here to [Ueno Zoo]〉?
訳 ここから上野動物園までどれくらい時間がかかりますか？

＊ *take* には「[時間] がかかる」という意味があります。

＊ *it* … 時間をあらわす「非人称の *it*」（☞ p.23）

単元3　文の種類　83

⑦ How soon ～？　　今からあとどのくらいしたら～

How soon will you be ready to start ?

訳 今からあとどれくらいしたら出発準備ができますか？

＊ be ready to 動詞の原形～ … ～する準備ができている

⑧ How ＋ いろいろな形容詞や副詞～？　　どれくらい～

How old are you ?　　　　　　　訳 何歳ですか？

How tall are you ?　　　　　　　訳 身長はどのくらい？

How far is it from here to her house ?

訳 ここから彼女の家までどのくらいの距離ですか？

＊ it … 距離をあらわす「非人称の it」（☞ p.23）

3. 付加疑問文（ふかぎもんぶん）

「～ですよね（念押し）」や「～でしょ？（確認）」の表現を付加疑問文といいます。平叙文（へいじょぶん）の文尾に短い疑問文をくっつけます。声に出して読むときは、念押しの場合は下降調↘、確認の場合は上昇調↗で読みます。

肯定文のあとには、否定の疑問文をつけます。

They are devoted to [each other], **aren't they ?**
　　　肯定　　　　　　　　　　否定

訳 彼らは熱愛中ですね？

＊ be devoted to [～] … [～] に身をささげる　　＊ each other … お互い

We can afford [the car], **can't we ?**
　　肯定　　　　　　　否定

訳 私たちはその車を買う余裕があるでしょう？

＊ can afford [～] … [～] を買う経済的余裕がある

否定文のあとには、肯定の疑問文をつけます。

She didn't make [a lot of mistakes], **did she ?**
　　否定　　　　　　　　　　　　　　肯定

訳 彼女はたくさんの間違いはしなかったでしょう？

(1) Let's 〜の文の付加疑問文

「**Let's ＋ 動詞の原形〜 ?**」の形は「**〜しましょう？**」という「人をさそう表現」です。

Let'sはLet usの短縮形ですが、この表現では必ず短縮して使います。短縮しないで Let us と書くことはふつうはありませんよ。これは、let という動詞の特別な使い方です。

Let's eat [curry and rice] ⟨for lunch⟩, **shall we ?**　　Yes, let's.
訳 ランチにカレーライス食べましょう？　　はい、食べましょう。

『「Let's 〜 ?」〜しましょう？』の文の付加疑問文は文尾に、**shall we ?** をつけます。文尾に「shall we ?」をつけてもつけなくても人をさそう意味には変わりません。

(2) 命令文の付加疑問文（命令文 ☞ p.92）

Pass me [the tissue paper], **will you ?**　　Yes, I will.
訳 ティッシュペーパーを取ってくれませんか？　はい、わかりました。

命令文の付加疑問文は文尾に、**will you ?** をつけます。命令口調をやわらげて依頼をあらわします。

「わたせ**（命令）**」というキツい言い方が、文尾にwill you ?をつけることで「取ってね**（依頼）**」に変わるのですよ。

単元3　文の種類

4択・正誤 でるでる問題

次の文の空所を埋めてみよう！

Let me refer to [your dictionary], (　　　) (　　　)?

こたえ

will, you が答えです。shall we ではありません。これはとってもまちがえやすくて試験によく出ます。「Let's ～?」は「人をさそう表現」ですが、「Let me 動詞の原形～」は「私に～させてください」と許可を求めている**命令文**なのです。文尾に will you ? をつけて、「あなたの辞書を見せてくださいね。」と依頼しています。

使役動詞の let については（☞ p.57）で復習しましょう。

上の命令文を平叙文にしてみるとこのようになります。

You let me refer to [your dictionary].
　S　V 　O　C

訳 あなたは私があなたの辞書を見ることを許します。

＊ *refer to* [～] … [～] を参照する

Check ぽいんと

Let's 動詞の原形～ , shall we ?　～しましょう？（勧誘）
Let me 動詞の原形～ , will you ?　～させてくださいね。
　　　　　　　　　　　　　　　（命令口調をやわらげた依頼）

を区別できるようにしよう！

🌸 4. 否定疑問文

「～ではないですか？」とたずねる疑問文で、Isn'tやDon'tなどを文頭に出します。

　　　　肯定文　　　　　　　　肯定疑問文　　　　　　　否定疑問文
　　You are angry.　→　Are you angry?　→　**Aren't** you angry?
　　　　　　　　　　　　　　　　　　　　　　　訳 あなたは怒って**ない**のですか？

　　You like me.　　→　Do you like me?　→　**Don't** you like me?
　　　　　　　　　　　　　　　　　　　　　　　訳 あなたは私を好きじゃ**ない**のですか？

Power up レクチャー！ 付加疑問文と否定疑問文の答え方

(1) be動詞を含む疑問文

① Are you angry?
　訳 怒ってる？

② You are angry, aren't you?
　訳 怒ってるよね？

③ Aren't you angry?
　訳 怒ってない？

④ You aren't angry, are you?
　訳 怒ってないよね？

> ①～④の疑問文に対する答え方はすべて同じなのです。
> 怒っていれば、
> Yes, I am.　　訳 怒っています。
> 怒っていなければ、
> No, I'm not.　訳 怒っていません。

日本語では、「怒っていないよね？」→「いいえ、怒っています。」
　　　　　　　　　　　　　　　　　　「はい、怒っていません。」
という言い方をするので、混乱する人がいますが、**英語では肯定の答えのときは Yes、否定の答えのときには No と考えればよいのですよ。**

(2) 一般動詞を含む疑問文

① Do you like me ?　　　　　訳 私のこと好き？
② You like me, don't you ?　　訳 私のこと好きでしょ？
③ Don't you like me ?　　　　訳 私のこと好きじゃないの？
④ You don't like me, do you ?　訳 私のこと好きじゃないでしょ？

> ①〜④の疑問文に対する答え方はすべて同じ。
> 好きだったら　Yes, I do.　　訳 好きだよ。
> 嫌いだったら　No, I don't.　 訳 好きじゃないよ。

5. 間接疑問文

疑問詞のついた疑問文が、文の一部になっている文を、間接疑問文といいます。

普通の疑問文

When **did you meet** [the cat] ?　　訳 あなたはいつそのネコに会いましたか？

間接疑問文

I know [when you met [the cat]].

訳 私は[あなたがいつそのネコに会ったか]知っています。

疑問詞のwhenがknowの目的語になっている名詞節をみちびいています。

間接疑問文では、**did you meet**ではなくて you met のようにSVの語順になります。ネコに会ったのは過去だから、過去形のmetを使います。

基礎 れんしゅう問題

次の文を指示された書き出しに続けて書きかえてみよう！

1. **Where did he leave** [his umbrella]?
   　　　　　 S　　V　　　O

   訳 彼はどこに傘を置き忘れたのですか？

   I don't know _____.
   訳 彼がどこに傘を置き忘れてきたのか、私は知らない。

2. **Who keeps** [this cat]?
   　　S　　V　　　O

   訳 誰がこのネコを飼っているのですか？

   I wonder _____.
   訳 私は誰がこのネコを飼っているのかなあ、と思う。

こたえ

1. I don't know [where he left [his umbrella]].
   　　　　　　　　　　 s　　v　　　　o
   S　　V　　　　　　O

   where以下はknowの目的語になっている名詞節。
   did he leaveは *he left* のようにSVの語順になりますね。

2. I wonder [who keeps [this cat]].
            S   V   O
   S   V   O

who 以下は wonder の目的語になっている名詞節。

疑問詞 who は主語になっているので、**who keeps** の語順はそのままですよ。
                                       S   V

Power up レクチャー！ 疑問詞＋do you think＋SV の語順〜？

疑問詞と do you think ／ do you suppose の組み合わせは要注意！ 並べかえ問題や正誤問題に頻出です。

基礎れんしゅう問題

次の２つの疑問文は正しいか間違っているか、考えてみよう。

1. Do you **know** [who he is]？
   訳 彼は誰なのか、あなたは知っていますか？
   Yes, I do.
   訳 はい、知っています。

2. Do you **think** [who he is]？
   訳 彼は誰なのか、あなたは思っていますか？
   Yes, I do.
   訳 はい、思っています。

こたえ

1. **正**　　2. **誤**

　2.の疑問文が変なことがわかりますか？「思っていますか？」と聞かれて、「はい、思っています。」と答える会話なんてないですよね。

　「Do you 〜 ?」の形の疑問文には Yes, I do. はい。／ No, I don't. いいえ。で答えなければならないのです。

　1.のように、「知っていますか？」と聞かれて、「はい、知っています。」とか「いいえ、知りません。」と答えるのは、ふつうの会話です。

　それでは、2.の文はどうすれば正しくなるのでしょうか？

　「彼は誰だと思いますか？」という疑問文に直して、彼の名前をたずねたいのです。

疑問詞の Who を先頭にすれば、Yes ／ No の答えではなくて彼の名前を答えてもらえる疑問文になります。

Who is he ?　　訳 彼は誰ですか？

　　× Do you think who he is ?　　× 訳 彼が誰なのか、あなたは思っていますか？

　　→ ○ Who ***do you think*** he is ?
　　　　C　　　　　　S V
　　　訳 彼は誰だと思いますか？

Kazunari.　← I think [that he is **Kazunari**].
訳 彼は和也ですよ。

単元3　文の種類

Check ぽいんと

「思う系の動詞 think / suppose」の場合には、do you think / do you suppose を疑問詞のうしろに置いて、**疑問詞を先頭にする**ことを忘れずにね！　そうしないと「思っていますか？」なんていう変な疑問文になってしまいます。もう少し例文をみてみましょう。

What did he say 〈to me〉〈in bed〉〈last night〉?
訳　彼は夕べ、ベッドで私に何を話しましたか？

　　× Do you think what he said 〈to me〉〈in bed〉〈last night〉?
　　× 訳　彼は夕べ、ベッドで何を私に話したか、あなたは思っていますか？

　　○ What **do you think** he said 〈to me〉〈in bed〉〈last night〉?
　　　　O　　　　　　　S　V
　　訳　彼は夕べ、ベッドで何を私に話したと思う？

Who came here 〈during [your absence]〉?
　　× Do you suppose who came here 〈during [your absence]〉?
　　× 訳　誰があなたの留守中にここに来たか、あなたは思っていますか？

　　○ Who **do you suppose** came here 〈during [your absence]〉?
　　　　S　　　　　　　　　V
　　訳　誰があなたの留守中にここに来たと思う？
　　注意：疑問詞の who は主語になっています。

基礎かくにん③ 命令文

話し相手は必ずYouなので、Youはのぞいて、**動詞はいつでも原形を使います**。be動詞の場合にはBeで始まります。

1. 肯定の命令文　「〜しなさい」「〜してください」

ていねいに依頼するときは、pleaseを文の始めや終わりにつけます。

Stay by my side 〈day and night〉.　　訳 昼も夜もそばにいて。

＊by〔〜〕…〔〜〕のそばに

Be kind to me 〈tonight〉, please.　　訳 今夜はやさしくしてね。

2. 否定の命令文　「〜するな」「〜してはいけません」

「**禁止**」の意味をあらわします。Don't ＋ 動詞の原形〜 . の形であらわします。

Don't hurt [her feeling].　　訳 彼女の気持ちを傷つけないで。
Don't be afraid of [insects].　　訳 虫を恐がるな。

ひと休み 豆知識コーナー♪

Never から始まる否定の命令文もありますが、その場の禁止というより、どちらかというと一般論的に「してはならない心がけ」をあらわして、決まり文句のように使われます。

Never give up!　　訳 あきらめちゃダメよ！
Never mind!　　訳 気にするな。心配するな。

基礎かくにん④ 感嘆文

　喜びや悲しみ、驚き、感動などの**感情の高まり**をあらわす表現を**感嘆文**といいます。文尾に「！」をつけます。**How**を使う場合と**What**を使う場合の2つの形があります。

1. How ＋ 形容詞 または 副詞 ＋ SV！

She is **cute**. → How **cute** she is！
　S　V　　　　　　　　　形容詞

　　訳 彼女はなんてかわいいのでしょう！

He eats ⟨**fast**⟩. → How **fast** he eats！
　S　V　　　　　　　　　副詞

　　訳 彼はなんて早食いなのでしょう！

2. What ＋ { a (an) 形容詞 ＋ 名詞 / 形容詞 ＋ 複数名詞 } ＋ SV！

She is [**a slender girl**]. → What **a slender girl** she is！
　S　V　　　C

　　　　訳 彼女はなんてすらりとした少女なのでしょう！

He found [**lovely kittens**]⟨in the park⟩.
　S　V　　　O

→ What **lovely kittens** he found ⟨in the park⟩！

　　訳 なんてかわいい子ネコたちを彼は公園で見つけたのでしょう！

基礎かくにん⑤ There is [a(an) 名詞]. / There are [複数名詞].

この文ではThereは「そこに」と訳しません。「~がある」「~がいる」という意味なので、この文を「存在文」ということもあります。

「be動詞」は、主語が単数か複数か、現在形か過去形かで、is / are / was / wereの形を使いわけます。Thereは副詞だから、実質の主語はThere is / areのうしろにくる名詞です。ただし、この文は特別な文なので、形の上ではThereを主語と考えます。

There is [a haunted mansion] ⟨near the river⟩.
訳 その川の近くに幽霊屋敷があります。

実質の主語[a haunted mansion]が単数で内容が現在だから、be動詞はisです。

疑問文 → Is there [a haunted mansion] ⟨near the river⟩?
　　　訳 その川の近くに幽霊屋敷はありますか。

There are [seven days] ⟨in a week⟩.
訳 1週間は7日です。

実質の主語[seven days]が複数で内容が現在だから、be動詞はare。

単元3　文の種類

ひと休み 豆知識コーナー♪

There is 〜 . の文は [A book] is there. が倒置によって There is [a book]. になったものです。倒置とはSVがVSという語順になるようなことです。[A 名詞] が唐突に文頭にくるよりも、うしろに置くことで、相手は新登場の名詞の存在を予想して聞けるのです。

There is 〜 . の文は、相手に新登場の名詞を知らせるための文なのです。だから、

There is [the + 名詞].

という文はふつうはありません。冠詞のtheは、すでに知っている名詞の前につくからです（冠詞☞p.20）。

🌼 1. 名詞が「不可算名詞」や「no + 名詞」の場合

不可算名詞が実質の主語の場合には、be動詞は単数扱い（現在：is ／過去：was）で、are ／ were は使いません。

There is [some water] 〈in the bottle〉.　訳 ビンの中にいくらか水がある。

There was [no clue].　　　　　　　　　　訳 手がかりは何もなかった。

存在しないことをあらわしたいときは、名詞の前にnoをつけて、

「There is [no + 単数名詞]」「There are [no + 複数名詞]」の形にします。

2. be動詞ではなくて「存在」や「出現」をあらわす自動詞の場合

存在や出現をあらわす自動詞をbe動詞に変えても意味は変わりません。

There lived [a rich king] ⟨in the country⟩．
　　　存在をあらわす自動詞

= There was [a rich king] ⟨in the country⟩．

　訳 その国に金持ちの王様が暮らしていました。

There happened [an accident]．
　　　出現をあらわす自動詞

= There was [an accident]．

　訳 事故がありました。

よく出てくる「存在・出現」の自動詞は、**live** と **happen** です。他の動詞（存在：exist, stand ／出現：come, follow など）が出てきても、[名詞] の前の動詞はbe動詞と取りかえることができます。

＊まとめのかくにん問題＊

1 空所に適当な疑問詞を入れてみよう。

1. (　　　) were you born ?　I was born in 1985.

2. (　　　) long did you talk with her ?　About five hours.

3. (　　　) flower do you like ?　I like sunflowers.

4. (　　　) cat is bigger , Coco or Azuki ?　Coco is bigger than Azuki.

2 次の文の誤りを訂正してみよう。

1. Can't he swim ?　No, he can.　He is a good swimmer.

2. Where he lives ?　He lives near Ueno Station.

3. I don't know whom telephoned her last midnight.

4. Do you think what he gave me as a birthday present ?

3 次の文を付加疑問文にしてみよう。

1. We have no school during the summer vacation.

2. Let me examine it on the Internet.

こたえ

1

1. **When** 訳 あなたはいつ生まれたのですか？ 1985年に生まれました。

2. **How**
   * *How* + 形容詞または副詞 … どのくらい〜
   訳 どのくらい彼女とおしゃべりしたのですか？ 約5時間です。

3. **What** ［What + 名詞］…（選択肢がなくばくぜんと）どんな〜
   訳 あなたはどんな花が好きですか？ 私はひまわりが好きです。

4. **Which** ［Which + 名詞］…（選択肢のなかで）どちらの〜
   訳 ココちゃんとあずきちゃんとどちらのネコが大きいですか？
   ココちゃんはあずきちゃんより大きいです。

2

1. Can't he swim ? **Yes**, he can. He is a good swimmer.
   訳 彼は泳げないの？ 泳げますよ。彼はとても泳ぐのは上手です。
   （否定疑問文の答え方 ☞ p.86）
   彼が泳げるなら、Yes, he can. と答え、泳げないなら、No, he can't. と答えます。
   肯定の答えはYesで、否定の答えはNoです。

2. Where **does he live** ? He lives 〈near Ueno Station〉.
   訳 彼はどこに住んでいるの？ 彼は上野駅の近くに住んでいます。
   （疑問詞を使う疑問文の語順 ☞ p.80）

3. I don't know [**who** telephoned her 〈last midnight〉].
   　　　　　　　　　s　　　　v　　　o
   S V　　　　　　　　　　　O

   訳 夕べ深夜に誰が彼女に電話をかけたのか、僕は知らない。
   疑問詞 who は主語になっていて、know の目的語になっている名詞節をみちびいています（**間接疑問文** ☞ p.87）。

4. **What** *do you think* he gave me 〈as [a birthday present]〉?
   　O　　　　　　　　　　　　S　V　O

   ＊ as [〜] … [〜] として

   訳 彼は、誕生日プレゼントとして、私に何をくれたと思う？
   Do you think 〜? の疑問文には、Yes または No で答えねばなりません。プレゼントは何か、物を聞いています（☞ p.91）。

3

1. We have [no school] 〈during [the summer vacation]〉, **do we**?
   [no 名詞] で否定文を作ります。
   否定文のあとの付加疑問文は肯定の形だから、「, do we ?」が正解（☞ p.83）。
   訳 私たちは、夏休み中、学校は休みですよね？

2. Let me examine it 〈on [the Internet]〉, **will you**?
   　V　O　　C
   使役動詞の let からはじまる命令文。命令文の付加疑問文は「, will you ?」が正解（☞ p.84）。
   訳 インターネットで、それを調べさせてね。
   電波・電線系の道具や楽器の前の前置詞は on です。テレビ・電話・ラジオ・楽器・パソコンの前の前置詞は「on」と覚えておこう。

単元 4

受動態

●基礎かくにん●

① 受動態の作り方の基本 ……………………… 102

② 受動態の疑問文に注意しよう ……………… 106

③ byを使わない受動態 ………………………… 108

単元 4 受動態

　動作を行うAを主語にして、「AはBを〜する」という形を「**能動態**」といい、目的語のBを主語にして「BはAによって〜される」という形を「**受動態**」といいます。したがって、SVO文型・SVOO文型・SVOC文型のような、目的語のある文が受動態にできます。

　「愛する」のが「能動態」。「愛される」のが「受動態」。愛することも愛されることも人生には必要ですね。一緒に勉強しましょう。

基礎かくにん①　受動態の作り方の基本

🐾 受動態の作り方

1. 能動態の文の目的語を目的格から主格の形に変えて主語にします。
2. 動詞を「be動詞 ＋ 過去分詞」の形にします。動詞の過去分詞形の作り方についてはp.25で復習しましょう。

🌸 1.「SVO文型」の受動態

[能動態] 彼は彼女を愛している。　→　[受動態] 彼女は彼に愛されている。
　　　　He loves **her**.　　　　　　　　　　　**She** is loved *by* **him**.
　　　　 S　V　 O

Step 1 目的格を主格に変えて主語にする

Step 2 主格を目的格に変えて前置詞byの目的語にする

＊ *by*［〜］…［〜］によって

単元4 受動態 103

動詞が熟語（動詞句）の場合の受動態は次のように作ります。

能動態 彼女は彼を尊敬していた。 → 受動態 彼は彼女に尊敬されていた。

She **looked up to** him.　　He was **looked up to** by her.
　S　　　V　　　O

書き忘れに注意！

＊ *look up to* [〜] ＝ *respect* [〜] … [〜] を尊敬する

Checkぽいんと

熟語はまとめて１つの動詞と考えるので、受動態にするときに、特に、前置詞の書き忘れに気をつけましょう。

2.「SVOO文型」の受動態

SVOO文型は２つの目的語があるので、それぞれの目的語を主語にして２通りの受動態ができます。

能動態 雅紀は私に映画のチケットをくれた。

A：Masaki gave me [a movie ticket].
　　　S　　V　　O_1　　　O_2　　　２つの目的語

＝ B：Masaki gave [a movie ticket] ***to*** me.
　　　　S　　V　　　O　　　　前置詞＋[人]

「SVOO文型」は「SVO ＋ 前置詞 ＋ [人]」に書きかえることができることは、p.48で勉強しました。

→ 2通りの受動態　訳 私は雅紀から映画のチケットをもらった。

① I を主語にした受動態

I **was given** [a movie ticket] by Masaki.

② A movie ticket を主語にした受動態

[A movie ticket] **was given** (*to*) me by Masaki.

②に関しては、Aの文を受動態にするなら *to* は不要ですが、Bの文を受動態にするなら *to* が必要です。*to* を入れた形の受動態の方がよく使われます。

3.「SVOC文型」の受動態

目的語を主格に変えて、それを主語にします。動詞を「be動詞 ＋ 過去分詞」にしてそのうしろに補語を置きます。

能動態　訳 そのうわさは私を悲しい気持ちにした。

　　　　[The rumor] made me sad.
　　　　　　S　　　 V　 O　C

受動態　訳 私はそのうわさで悲しい気持ちにさせられた。

　　　　I was made sad by the rumor.

Power up レクチャー！

「SVOC文型」の補語が原形不定詞
（動詞の原形）の場合の受動態は要注意

　受動態になると補語の<u>原形不定詞</u>が「<u>to + 動詞の原形（to不定詞）</u>」になります。

　SVOC文型の補語が原形不定詞の場合の動詞は、①**知覚動詞**と②**使役動詞**でしたよね。あいまいなら、**p.55**に戻って復習しよう。

① **知覚動詞**

　能動態　訳 私たちは彼女が笑うのを聞いた。

　　　　We heard her laugh.
　　　　 S   V   O   C

→ 受動態　訳 彼女は私たちに笑うのを聞かれた。

　　　　She was heard **to laugh** by us.

② **使役動詞**

　能動態　訳 ケンイチは私をベッドに寝かせた。

　　　　Kenichi made me lie 〈on the bed〉.
　　　　　 S   V   O C

→ 受動態　訳 私はケンイチにベッドに寝かされた。

　　　　I was made **to lie** 〈on the bed〉 by Kenichi.

4. 助動詞を含む文の受動態

助動詞を含む文の受動態は、助動詞のうしろに <u>be ＋ 過去分詞</u>を続けます。**助動詞＋be＋過去分詞**の形です。

[School regulations] **must <u>be observed</u>** by students.
訳 校則は学生によって守られねばならない。

* *must* … ～しなければならない   * *observe* [～] … [～]を守る

Tomomi **will <u>be scolded</u>** by his father.
訳 友美は父親に叱られるだろう。   * *will* … ～だろう

基礎かくにん② 受動態の疑問文に注意しよう

基礎 れんしゅう問題

下線部を尋ねる疑問文を作ってみよう！

1. [This song] was written by <u>Michael Jackson</u>.
   訳 この歌はマイケル・ジャクソンによって書かれた。

2. <u>The lamb</u> was eaten by the wolf.
   訳 子羊は狼に食べられた。

3. My cat is called <u>Mimy</u> by me.
   訳 私のネコは私にミミィと呼ばれている。

単元 4　受動態

こたえ

1. 「Michael Jackson」と答える疑問文を作ります。

    Who was [this song] written by ?

    または **By whom was [this song] written ?** （← これは書き言葉です。会話では使わない）

    訳 この歌は誰によって書かれましたか？

    > 注意：文頭にはWhoを置きます。目的格のwhomを文頭に置くことはできません。ただし、前置詞のうしろは必ず目的格なので、Byのうしろは目的格のwhomです。

    能動態 → [Michael Jackson] wrote [this song].
    　　　　　　　S　　　　　　V　　　 O

2. 「The lamb」と答える疑問文を作ります。

    What was eaten by the wolf ?

    訳 何が狼によって食べられましたか？

    能動態 → [The wolf] ate [the lamb].
    　　　　　　S　　　V　　　 O

3. 「Mimy」と答える疑問文を作ります。

    What is my cat called by me ?

    訳 私のネコは私に何て呼ばれていますか？

    能動態 → I call [my cat] [Mimy].
    　　　　　S V　　O　　　　C

基礎かくにん③ byを使わない受動態

受動態で動作主をあらわすにはbyを使うことが多いですが、at ／ in ／ with などの前置詞であらわすこともあります。決まった形の慣用表現として覚えておくようにしましょう。

空所補充・4択 でるでる問題

空所に適当な前置詞を入れてみよう！　byではありませんよ！

1. [The student] was surprised (　　) [the low scores on his test].

2. [The summit of the mountain] was covered (　　) [fresh snow].

3. She is interested (　　) [the life and the habits of cats].

4. We were caught (　　) [a shower] 〈on the way from the aquarium〉.

5. [Mickey Mouse] is known (　　) [many people (in the world)].

6. [Urayasu city (in Chiba Prefecture)] is known (　　) [Tokyo Disneyland].

7. He was involved (　　) [the scandal].

8. He was absorbed (　　) [the detective story].

9. She was devoted (　　) [housecleaning].

10. She was satisfied (　　) [the result of the experiment].

こたえ

1. **at** …「見て・聞いて」をあらわすat
   「be disappointed at [〜] …[〜] にがっかりしている」で使われる at も同じです。
   訳 その生徒はテストのひどい点に驚いた。

2. **with** …「材料」の前に置くwith
   訳 山の頂上は新雪でおおわれていた。

3. **in** …「〜の分野」をあらわすin
   訳 彼女はネコの生活と習性に興味がある。

4. **in** …「環境・状況」をあらわすin
   訳 水族館からの帰りに、私たちはにわか雨にあった。

5. **to** …情報が [人] のところまで届いていることをあらわすto
   訳 ミッキーマウスは世界中のたくさんの人たちに知られている。

6. **for** …「原因・理由」をあらわすfor
   訳 千葉県浦安市はディズニーランドがあることで知られている。
   ＊ *be known for* [〜] = *be famous for* [〜] …[〜]で有名である

7. in …「所属（中に入っていること）」をあらわすin
   訳 彼はそのスキャンダルに巻き込まれた。

8. in …7.と同じで「所属（中に入っていること）」をあらわすin
   訳 彼は推理小説に夢中になっていた。

9. to …「〜に対して付着・執着」をあらわすto
   訳 彼女は大掃除に専念していた。

10. with …「〜に関して」という意味をあらわすwith
    訳 彼女は実験結果に満足していた。

Check ぽいんと　knowの受動態は前置詞に注意しよう

knowという動詞を受動態にするときには、この5.や6.のように、文によって前置詞が変わります。「人に知られているとき」は to を使います。「[〜] があることで知られている・有名である」場合には for を使います。さらに次のような場合もあります。

A man is known (　) [the company (he keeps)].
訳 人はつきあう友によってその人柄がわかる。

上の空所の答えは by です。「〜を基準にして」という意味をもつ by です。「[〜] で判断される」場合には by を使うので気をつけましょう。

✱ まとめのかくにん問題 ✱

次の文を受動態に書きかえてみよう。

1. I cannot put up with [his rudeness].

2. When will they construct a big bridge ?

3. He painted the fence green.

4. You must keep your teeth clean.

5. We heard her cry for help.

こたえ

1. [His rudeness] cannot be put up with by me.

   訳 彼の無礼にはがまんできません。

   * *put up with* [〜] = *stand* [〜] … [〜]をがまんする
   * *rudeness*（名詞）… 無礼

2. When will [a big bridge] be constructed ⟨by them⟩?

   ⟨by them⟩ はぶいてOK

   訳 いつ大きな橋は建設されるのですか？

   行為者が一般の人や、不明、または必要ない場合には「by [〜]」ははぶきます。

3. 能動態 He painted [the fence] green.
   　　　　　S　　V　　　O　　　C

   訳 彼はフェンスを緑に塗った。

   → 受動態 [The fence] was painted green ⟨by him⟩.

4. 能動態 You must keep [your teeth] clean.
   　　　　　S　　　V　　　O　　　　C

   訳 歯をいつもきれいにしておかねばいけません。

   * *keep* O C … OをCにしておく

   → 受動態 [Your teeth] must be kept clean.

5. 能動態 We heard her cry for [help].
   　　　　 S　 V　 O　C

   訳 私たちは彼女が助けを求めて大声をあげるのを聞いた。

   * *cry for* [〜] … [〜]を求めて大声をあげる

→ 受動態 She was heard to cry for [help] ⟨by us⟩.

動詞が知覚動詞で補語が原形不定詞の文が受動態になると、補語は to 不定詞になります。(☞ p.105)

＊ *help* … 名詞で「助け」

単元 **5**

時　制

●基礎かくにん●

① 現在形 …………………………………… 116
② 過去形 …………………………………… 121
③ 進行形 …………………………………… 122
④ 未来をあらわすいろいろな表現 ………… 127
⑤ 現在完了 ………………………………… 130
⑥ 過去完了 ………………………………… 139
⑦ 未来完了 ………………………………… 147
⑧ 時制の一致 ……………………………… 151

単元 5　時　制

　現在・過去・未来などをあらわすのに、英語では動詞の形を変化させたり、助動詞を使います。これを**時制**といいます。たとえば、「私は勉強する」はI study.（現在時制）。「私は勉強した」はI studied.（過去時制）。そして、「私は勉強するだろう」はI will study.（未来時制）で、**will**という助動詞を使います。これから、過去〜現在〜未来を旅する勉強をはじめましょう。

基礎かくにん①　現 在 形

　現在形の文では、主語が３人称単数の場合には動詞に３人称単数の**s**をつけます（☞p.23）。

🌸 1. 現在形は**現在の状態**をあらわす

I love［Kenichi Matsuyama］.　　訳 私は松山ケンイチが大好きです。

I like［Natto］.　　訳 私は納豆が好きです。

She live**s**〈in Chiba Prefecture〉.　　訳 彼女は千葉県に住んでいます。

🌸 2. 現在形は**現在の習慣・事実・不変の真理・ことわざ**をあらわす

習慣・事実：I get up〈at four〉〈every morning〉.
　　　　　　訳 私は毎朝４時に起きます。

不変の真理：［The sun］rises〈in the east〉.
　　　　　　訳 太陽は東から昇る。

ことわざ　：［Even monkeys］fall from trees.
　　　　　　訳 猿も木から落ちる。

単元5　時制　117

3. 現在形は**確定未来**をあらわす

　未来のことでも変更の可能性がなくて確定的なことを「確定未来」といいます。往来や発着をあらわす **go, come, start, leave, arrive** などの動詞が確定未来の現在形でよく使われます。特に、電車などの交通機関の発着に関する文でよく使われます。

　　[The train] **leaves** for Boston ⟨at noon⟩.
　　訳 その電車は正午にボストンへ向けて発ちます。
　　[The plane] **takes off** ⟨at 10⟩⟨tonight⟩.
　　訳 その飛行機は今夜10時に離陸します。　　＊ *take off* … 離陸する

4.「時や条件」をあらわす副詞節のなかは現在形

　これから先のことでも単純未来のwill（なりゆき・予想：〜だろう）は使わずに、現在形を使います。

　「時をあらわす副詞節」は、**when** ／ **before** ／ **after** ／ **until** などの接続詞によって導かれます。「条件をあらわす副詞節」は、**if** などの接続詞によって導かれます。文頭からピリオドまでに文が2つあり、**接続詞を先頭とする方が副詞節**です。

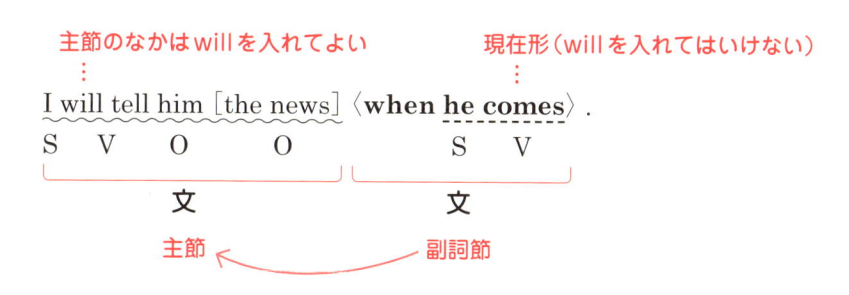

　　　主節のなかはwillを入れてよい　　　　現在形（willを入れてはいけない）

　　I will tell him [the news] ⟨**when he comes**⟩.
　　S　V　　　O　　　O　　　　　　　　S　　V
　　　　　　　文　　　　　　　　　　　　　　文
　　　　　　主節　　　　　　　　　　副詞節

　　訳 ⟨彼が帰ったら⟩、彼にニュースを話します。

主節のなかはwillを入れてよい　　現在形（willを入れてはいけない）

I will tell him [the news], ⟨**if he comes**⟩.
　S　V　　O　　　O　　　　　　　 S　　V
　　　　　文　　　　　　　　　　　　　文

　　　主節　←―――　副詞節（条件節ともいいます）

訳 ⟨もしも彼が帰ったら⟩、彼にニュースを話します。

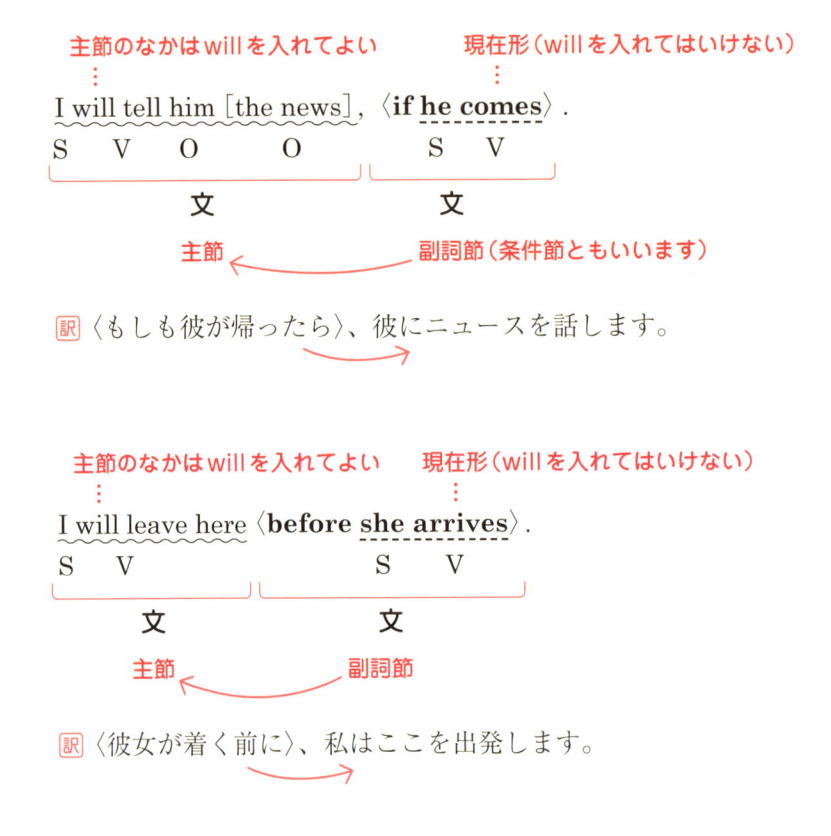

主節のなかはwillを入れてよい　　現在形（willを入れてはいけない）

I will leave here ⟨**before she arrives**⟩.
　S　V　　　　　　　　　　S　　V
　　文　　　　　　　　　　　文

　　主節　←―――　副詞節

訳 ⟨彼女が着く前に⟩、私はここを出発します。

Power up レクチャー！　　名詞節のなかではwillを使えるよ

　whenやifから始まる節でも、名詞節の場合には、未来をあらわすときにはwillを使います。つまり、**副詞節ならばwillを使ってはいけないのに、名詞節ならばwillを使わなければならない**のです。だから、名詞節と副詞節の区別ができなければ困ります。名詞節とか副詞節に関しては、p.61で勉強しましたよ。忘れていたら復習しましょうね。

単元5 時制

4択・正誤 でるでる問題

1. 次の文の空所に入るのはcomesかwill comeか、どちらでしょうか？

   I don't know when he ＿＿＿＿＿＿．

2. 次の文の空所に入るのは rainsかwill rainか、どちらでしょうか？

(1) He will not go there if it ＿＿＿＿＿ this afternoon.

(2) I wonder if it ＿＿＿＿＿ this afternoon.

こたえ

1. **will come** が正解。

$$\text{I don't know [when he \textbf{will come}]}.$$
$$\text{S} \quad \text{V} \qquad \text{O}$$

訳 私は、[いつ彼が来るのか]知らない。

　knowは他動詞で目的語が必要です。だから、I don't knowまでは、目的語のない不完全な文です。「知らない」と言われたら、「何を知らないのかな」と相手は思います。when以下のまとまりが、知らない内容をあらわしています。目的語になれるのは名詞です。だからwhen以下は名詞節です。**名詞節のなかでは、未来をあらわすときはwillを使う**ので、答えはwill comeです。

2. (1) **rains** が正解。

He will not go there ⟨**if it rains** ⟨this afternoon⟩⟩.
S   V   S   V

現在形

主節 ← 副詞節（条件節）

＊ *it* … 天候をあらわす「非人称の *it*」（☞ p.23）

訳 もしも今日の午後雨ならば彼はそこへ行かないだろう。

(2) **will rain** が正解。

「接続詞の if」は副詞節を導く場合には「もしも～ならば」という意味です。ところが、名詞節を導く場合には「～かどうか」という意味になります。

I wonder [～] は「～ かしらと思う」という意味です。wonder は他動詞だからうしろに目的語が必要です。したがって、if 以下のまとまりは名詞節です。**名詞節のなかでは、未来をあらわすときには will を使う**ので、答えは will rain です。

I wonder [if it **will rain** ⟨this afternoon⟩].
S   V   O

訳 今日の午後は雨が降るのかしら。

＊ *it* … 天候をあらわす「非人称の *it*」（☞ p.23）

ひと休み 豆 知識コーナー♪

どうして、時や条件をあらわす副詞節のなかでは、未来のことでも現在形を使うのでしょうか？主節のなかで will を使っているので、副詞節でもう一度 will を使わなくても、もう未来のことだとわかるからです。文を短く簡単にするために will をはぶくようになったと考えられています。名詞節の場合には、名詞節のなかできちんと時制をあらわさないと時制がわからない文になってしまうのです。

単元5　時制　121

基礎かくにん② 過去形

過去形の文を作るには、動詞を過去形にします（**動詞の過去形の作り方** ☞ p.25）。

1. 過去形は過去の一時点をあらわす

[My mother] ⟨once⟩ **saw** [Michael Jackson] ⟨at Narita Airport⟩.
訳 私の母はかつて成田空港でマイケル・ジャクソンを見た。

I **got on** [the wrong bus] ⟨by mistake⟩.
訳 私は、まちがえて違うバスに乗ってしまった。

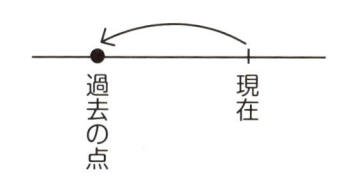

＊ *by mistake* … まちがえて

2. 過去形は過去のある期間にわたる幅をあらわす

We **were** in love with [each other] ⟨for about ten months⟩.
訳 私たちは**約10ヶ月間**愛し合っていた。
　（愛し合っていたのは過去のことで、今はもう別れている）

He **worked** ⟨at the bank⟩ ⟨for five years⟩.
訳 彼は**5年間**その銀行で働きました。
　（今はもうその銀行では働いていない）

He **lived** in Paris ⟨for a long time⟩.
訳 彼は**長い間**、パリで暮らしていました。
　（今はもうパリでは暮らしていない）

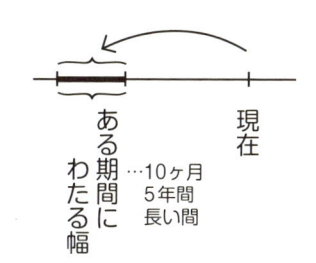

ある期間にわたる幅 …10ヶ月間　5年間　長い間
現在

基礎かくにん③ 進 行 形

進行中の動作をあらわすのに「**進行形**」を使います。
進行形は「**be動詞 + 動詞の〜ing形**」の形です。

〜ing形のつくり方

① 動詞の原形のあとにingをつけます。

　read → reading　　talk → talking　　work → working

② eで終わる動詞はeを取ってingをつけます。

　come → coming　　take → taking　　give → giving

③ 短母音（短く発音するa, i, u, e, o）＋１つの子音字（a, i, u, e, o以外の文字）で終わる動詞で、短母音にアクセントのある（短母音を強く発音する）語は、語尾の子音字を重ねてingをつけます。

　get → getting　　sit → sitting　　stop → stopping
　begin → beginning

④ ieで終わる動詞はieをyに変えてingをつけます。

　lie → lying　　die → dying

1. 現在進行形

現在進行中の動作をあらわし、形は「**be動詞の現在形 + 〜ing**」「**今〜している最中・今〜しているところ**」と訳します。

(1) 進行形にできる動詞

進行形は**動作をあらわす動詞**に用いられます。人が主語で有意志動作（意識してやっている動作）をあらわす動詞は進行形にできます。お天気をあらわす動詞（rain／snowなど）も進行形にできます。

What **are** the children do**ing** now ?
訳 子供たちは今何をしているのですか？

They **are** play**ing** soccer 〈on the playground〉.
訳 彼らはグラウンドでサッカーしている最中です。

They **are** quarrel**ing**.
訳 彼らは口ゲンカの最中です。

She **is** kick**ing** [her husband].
訳 彼女は夫をキックしているところです。

It **is** rain**ing** 〈hard〉.
訳 雨が激しく降っています。　＊ *it* … 天候をあらわす「非人称の *it*」（☞ p.23）

(2) 進行形にできない動詞

① 無意志状態動詞（継続的な状態をあらわす動詞）は進行形にできません。

belong	属している	resemble	似ている
possess	持っている	contain	含んでいる

特に出るウルトラ4!!

これらの動詞は「〜ている」と日本語に訳すので、私たちは、「**何かしているのかな？**」と混乱します。だけど、何もしていません。動作ではなくて、無意志で無意識な状態をあらわしている動詞は、進行形にはできません。

② 認識・知覚・心理状態をあらわす動詞は進行形にできません。

$$\left\{ \begin{array}{ll} \textbf{see} \ \ \text{〜が見える} & \textbf{hear} \ \ \text{〜が聞こえる} \\ \textbf{know} \ \ \text{〜を知っている} & \textbf{like} \ \ \text{〜が好き} \end{array} \ \text{など} \right\}$$

see／hearは「目があるから自然に見える、耳があるから自然に聞こえる」の意味で、意識している動作ではありません。knowも自然と知っていて、意識していません。likeも自然と好きなのです。努力して好きというわけではないのです。

Power up レクチャー！ haveは進行形にできるの？

haveは「持っている」という意味の時には、「無意志状態」なので進行形にしません。バッグを持って歩いている時は、持っていることなど意識しないで歩いています。ところが、「持っている」という意味ではない場合は進行形にできることがあります。haveには「食べる」という意味もあり、「食べる」は有意志動作なので、進行形にできるのです。

I am having [a good lunch].
訳 私、今おいしいランチを食べている最中よ。

楽しようアドバイス♪

動詞の意味はひとつだけとは限らないので、haveのように同じ動詞でも、進行形にできたりできなかったりすることがあります。だから、進行形にできない動詞をたくさん丸暗記するよりも、覚えるのは **特に出るウルトラ4** くらいにして、あとは、「有意志動作」とか「無意志状態」という感覚をつかめるようにしましょうね。

ひと休み豆知識コーナー♪

「I'm loving it.」っていうセリフを聞いたことありませんか？ loveは「愛している」という心理状態をあらわし、本来は進行形にはできません。それではこの「I'm loving it.」って何なのでしょう？ 実は、きわめて一時的な状態をあらわすために、状態動詞でも進行形にすることがあるのです。

There is [something](wrong ⟨with [my eyes]⟩). I'm seeing [a ghost]！

訳 目の具合がおかしい。おばけが見える！

seeは自然と見えることをあらわす状態動詞ですが、今たまたま一時的におばけが見えていることを強調して進行形になっています。

話を戻して、I'm loving it. は、今、まさに食べながら、「おいしいよ。僕、これ大好きなんだ〜。」って言っているのです。食べている最中だから進行形なのですよ。

(3)「いつも」という意味の副詞 + 進行形

alwaysや**all the time**などの「いつも」という意味の副詞と進行形が一緒に使われると、話し手が「迷惑して困っている」という気持ちをあらわします。

He **is** ⟨**always**⟩ complain**ing**.

訳 彼はいつも文句ばっかり言っているのよ。

（もう勘弁してほしいわ。まったくいやになっちゃう☺）

You **are** find**ing** fault with me ⟨**all the time**⟩.

訳 あなたっていつも私のあら探しをしているのね。

（本当に気分悪いわ☺）　＊ *find fault with* [～] … [～]のあら探しをする

2. 過去進行形

現在進行形をそのまま過去に時を移して考えるだけです。

過去進行形の形は「was [were] + ～ing」

When I came home, [my sister] **was** hav**ing** [potato chips].

訳 私が家に帰ると、妹はちょうどポテトチップスを食べているところでした。　＊ *have* は「食べる」の意味では進行形にできます。

3. 未来進行形

未来の一時点で進行している最中をあらわします。

未来進行形の形は「will + be + ～ing」

I **will be** drink**ing** [beer] ⟨at about eleven o'clock⟩ ⟨tomorrow night⟩.

訳 明日の夜11時頃は私はビールを飲んでいる最中でしょう。

基礎かくにん④ 未来をあらわすいろいろな表現

1. will

willは未来をあらわす助動詞です。助動詞のうしろは動詞の原形を置きます。

(1) 単純未来

「なりゆき・予想」をあらわし、「**〜だろう**」「**〜になるだろう**」と訳します。
否定文は will not + 動詞の原形（短縮形はwon't + 動詞の原形）です。

She **won't** be in time for [the last train].

訳 彼女は終電車に間に合わないでしょう。

＊ *be in time for* [〜] … [〜] に間に合う

Will [the bus] arrive 〈on time〉?

訳 バスは時間通りに到着するでしょうか？　　＊ *on time* … 時間通りに

(2) 意志未来

「人の意志」をあらわすので「**〜するつもり**」と訳します。

I **will** invite him to [my birthday party].

訳 私は彼を私の誕生日パーティーに招待するつもりです。

2. be going to ＋ 動詞の原形

「**～だろう**」とか「**～するつもり**」という意味をあらわします。

It **is going to** rain.

訳 雨が降るだろう。　　　＊ *it* … 天候をあらわす「非人称の *it*」（☞ p.23）

Are you **going to** become [a film actress] ?

訳 あなたは映画女優になるつもりですか？

3. 確定未来をあらわす進行形

個人の日常的なことについての確定的で変更しない予定を、進行形であらわすことができます。

I'**m** leav**ing** 〈tonight〉.

訳 私は今夜出発予定です。

We **are** eat**ing** out 〈together〉.

訳 私たちは一緒に外食することになっています。

Power up レクチャー！

「ごはんよ〜」「はーい」

"Breakfast is ready." "**I'm coming**." 「朝ごはんよ」「今行きま〜す」

朝ごはんを食べることは絶対に変更しないので、お母さんの呼びかけに**確定未来の進行形**で答えています。確定未来の進行形は、個人の日常的なことに使われることが多いのです。

お母さんと話していて、お母さんの方へ行く場合には、goではなくてcomeを使います。話している相手の方へ行く場合はcomeを使い、話している相手とは関係のないところへ行く時にはgoを使います。

Tomorrow, I will **go** to the beauty salon first, and **come** to see you.
訳 明日はね、はじめに美容室へ行って、それからあなたに会いに行くわね。

＊ *to see* の部分は不定詞副詞用法「目的」（☞ p.173）

Check ぽいんと

現在形にも「確定未来をあらわす現在形」がありました（☞ p.117）。現在形での確定未来は、電車などの交通機関の発着に関する文でよく使われます。進行形での確定未来は、個人の日常的なことについてよく使われます。

4. be about to + 動詞の原形

目の前に迫った、とても近い未来をあらわし、「今にも〜しようとしている」と訳します。近くに迫っているので「**近接未来**」ということもあります。

The sun **is about to** sink ⟨in the west⟩.
訳 太陽が今にも西に沈もうとしている。

= The sun **is on the point of** sink**ing** ⟨in the west⟩.

＊ *be on the point of 〜 ing* … 今にも〜しようとしている

基礎かくにん⑤ 現在完了

現在完了は、**動作や状態が、過去から現在までつながっていること**をあらわします。単に過去のことを述べる過去形とはきちんと区別できなければなりません。

現在完了形の形

- 完了・経験・状態動詞の継続は　have [has] 過去分詞
- 動作動詞の継続は　have [has] been 〜 ing
- 疑問文は　Have [Has] S 過去分詞 〜 ?
  　Have [Has] S been 〜 ing 〜 ?
- 否定文は　have [has] not 過去分詞
  　have [has] not been 〜 ing
- 否定文の短縮形は　haven't [hasn't] 過去分詞
  　haven't [hasn't] been 〜 ing

🌸 1. 過去形と現在完了形はどうちがうの？

(1) 過去形

She **was** ill ⟨for two weeks⟩.

訳 彼女は過去2週間の間、病気だった。

　今はもうよくなっている。　病気だったのは過去のこと。

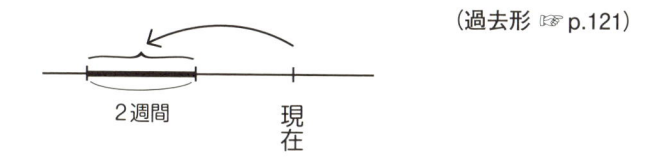

（過去形 ☞ p.121）

(2) 現在完了形

She **has been** ill ⟨for two weeks⟩.

訳 彼女はこの2週間病気で、今も具合が悪い。

　2週間前から今まで病気で、今も病気の状態が継続していることを言っている。

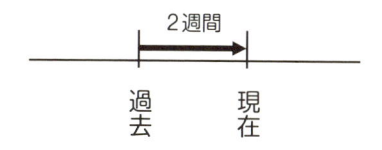

🌸 2. 現在完了 {完了}

過去からやっていたある動作が「たった今終わったこと」をあらわします。

　もう～してしまった

　今、～したところだ

I have *already* finished [my homework].

→ 短縮形 I've *already* finished [my homework].

訳 私はもう宿題を終えました。

He has *just* made [a hotel reservation] ⟨for tonight⟩.

→ 短縮形 He's *just* made [a hotel reservation] ⟨for tonight⟩.

訳 彼はちょうど今夜のホテルの予約をしたところです。

Check ぽいんと

現在完了{完了}では *already*（すでに）、*just*（ちょうど）、*yet*（もう・まだ）などの副詞がよく用いられます。今は動作が完了していることをあらわします。*yet* は疑問文では「もう」と訳し、否定文では「まだ」と訳します。

疑問文：Have you taken off [your clothes] *yet*?
　　　訳 もう服は脱ぎ終わりましたか？

　　　　　　　　　　　　　　＊ *take off* [〜] … [〜] を脱ぐ

否定文：[The bell] hasn't rung *yet*.
　　　訳 ベルはまだ鳴っていません。

3. 現在完了 {経験}

過去から現在までの**経験**をあらわします。

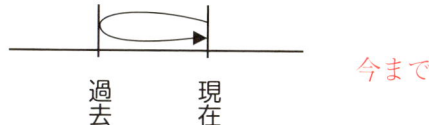

今までに～したことがある

「～でした・～だった」と単に過去のできごとをふり返るのではなく、「過去の経験が現在の心の中に経験として存在している」という考え方です。

She **has seen** [that movie] ⟨before⟩.
訳 彼女は以前その映画を見たことがある。

彼女が過去にその映画を見たことを過去の事実として述べるなら過去形を使います。

She **saw** [that movie] ⟨before⟩.
訳 彼女は以前その映画を見ました。

現在完了で「これまでに見たことがある」と表現することもできれば、単に過去の事実として「見ました」と表現することもできます。「映画を見た」ことには変わりはなく、言い回しが違うだけです。
疑問文と否定文の形にも気をつけよう。

疑問文：Have you ever seen [such a beautiful sunset]?
訳 こんなに美しい夕焼けを見たことがありますか？

否定文：I have never heard [such nonsense].
訳 そんなばかな話はこれまで聞いたことがありません。

4. 現在完了 {継続}・現在完了進行形 {継続}

進行形にできない動詞は**現在完了**。進行形にできる動詞は**現在完了進行形**の形です。

今までずっと〜である（状態）
今までずっと〜している（動作）

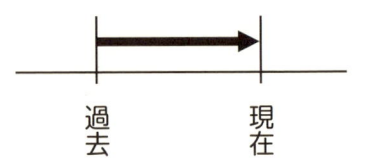

過去　　　現在

Check ぽいんと

sinceは「〜以来」という意味で接続詞としても前置詞としても使えます。

S　現在完了（現在完了進行形）　…　since　S　V（過去形）〜
　　　　　　　　　　　　　　　　　since ［名詞］
　　↑　　　　　　　　　　　　　　　　　　　　↑
今までずっと継続　　　　　　　　過去の一点だから過去形

(1) 進行形にできない状態動詞の継続は現在完了

進行形にできない状態動詞の過去のある時から現在までの継続は、**have[has] 過去分詞**の形です。

「be動詞＋形容詞」の過去のある時から現在までの状態継続は、**have[has] been 形容詞**の形です。

I have known her ⟨since she suddenly spoke to me ⟨at a sushi bar⟩⟩.
　　　　　　　　　　　　　　　過去形

訳 彼女が突然寿司屋で話しかけてきて以来、僕は彼女を知っています。
knowは進行形にできない状態動詞です。

I have been happy ⟨since I fell in love with him⟩.
　　　　　　　　　　　　過去形

訳 私は彼と恋に落ちて以来、ずっと幸せです。

(2) 進行形にできる動作動詞の継続は現在完了進行形

進行形にできる動作動詞の過去のある時から現在までの継続は、**have [has] been ～ ing**の形です。

I have been weeping ⟨for six hours⟩ ⟨since he left me⟩.
　　　　　　　　　　　　　　　　　　　　　　過去形

訳 私は、彼が私の元を去って以来、6時間ずっと泣いています。

He has been swimming ⟨in the pool⟩ ⟨nakedly⟩ ⟨for one hour⟩.
訳 彼は裸で1時間プールで泳いでいます。

5. △以来○年です

「△以来○年です」という現在完了を含む慣用表現があり、英作文や4択問題にもとてもよく出ます。

訳 その歌手が亡くなって10年です。
It has been ten years ⟨since [the singer] died⟩.
　　　　　　　　　　　　　　　　　S　　　V

= It is ten years ⟨since [the singer's death]⟩.

＊ *It* … 時間をあらわす「非人称の *It* 」（☞ p.23）

歌手が死んだのは過去の一点だからsinceのうしろは**過去形**で、それ以来今まで年月が流れているから主節は**現在完了**にします。ただし、略式でかんたんにIt isであらわすこともできます。sinceを前置詞として使うならsinceのうしろを「歌手の死：the singer's death」と名詞にします。

[Ten years] have passed $\begin{cases} \langle \text{since [the singer] died} \rangle. \\ \qquad\qquad\quad\text{S}\qquad\quad\text{V} \\ \langle \text{since [the singer's death]} \rangle. \end{cases}$

年月（10年）を主語にする場合には、「10年が過ぎました」とあらわします。

＊ S pass … Sが過ぎる

形容詞
[The singer] has been dead ⟨for ten years⟩.

「be動詞＋形容詞」を現在完了形にした「has been＋形容詞」の形で「この10年間ずっと死んでいる状態が継続している」ことをあらわします。dieのing形はdyingですが、うっかりhas been dyingにしてしまうと、この10年間、死にかかっている危篤の状態で生きていることになるのでまちがいです。

6. 現在完了は過去をあらわす副詞と一緒に使えない

現在完了は、過去から現在までの時制なので現在を含みます。だから、過去をあらわす副詞とは一緒に使えません。過去をあらわす副詞とは、たとえば、yesterday（昨日）やa week ago（1週間前）などです。

単元5 時制

正誤でるでる問題

下線部のうち、誤っているところはどこでしょうか？

1. I have seen Takuya in front of the post office
   　ア　　　　　　　イ　　　　　　ウ

   when I went shopping yesterday.
   　　　　エ

2. "Have you had breakfast yet ?" "Yes, I have had it at eight."
   　　ア　　　　　　　　イ　　　　　　　ウ　　　エ

こたえ

1. **ア**　× have seen → ○ saw

   訳 私は、昨日買い物に行ったとき、郵便局の前で拓哉に会った。

   yesterday（昨日）は過去だから、過去形が正しい。

   ＊ *in front of*［～］… ［～］の前で　　＊ *when* … 時をあらわす接続詞（☞ **p.218**）

   ＊ *go ～ ing* … ～しに行く　*go shopping* … 買い物しに行く

2. **ウ**　× have had → ○ had

   訳「もう朝食を食べた？」「はい。8時に食べました。」

   ＊ *at eight* …8時に　8時は過去だから、過去形が正しい。

   ＊ *at* … 時間の前につく前置詞

   ＊ *Have you had breakfast yet ?* … 現在完了｛完了｝　もうすでに食べ終わった？

Power up レクチャー！

just now … たった今

〈just now〉という副詞句は過去をあらわす副詞句であり、**過去形**の文で使います。下の問題で練習してみましょう。

4択でるでる問題

空所に入れる語句を選んでみよう。

He (　　) home **just now**. Don't you know that ?

ア　comes　　イ　is coming　　ウ　has come　　エ　came

こたえ

エ　訳 彼は**たった今**帰ってきました。知らないの？

Check ぽいんと

He came home 〈just now〉.
　= He came home 〈a moment ago〉.

just と now がくっついた〈just now〉は「たった今」と訳し、過去形の文で使います。「ほんの少し前」という意味の過去をあらわす副詞句だから、現在完了の文では使えません。

7. have gone to [〜] と have been to [〜]

この２つの現在完了の表現をきちんと区別しましょう。

(1) have gone to [〜] … 現在完了 { 完了 }
　　　　　　　　　　　〜へ行ってしまった（もういない）

　　He has gone to Vietnam.　　訳 彼はベトナムへ行ってしまいました。
　　　　　　　　　　　　　　　　　（今はもういません）

(2) have been to [〜] … ①現在完了 { 完了 } 〜へ行ってきたところ
　　　　　　　　　　　　②現在完了 { 経験 } 〜へ行ったことがある

　①I have been to the bakery.　訳 今私はパン屋さんへ行ってきたところです。
　　　　　　　　　　　　　　　　　（もどってきて今、目の前にいる）
　②I have been to Vietnam.　　訳 私はベトナムに行ったことがあります。
　　　　　　　　　　　　　　　　　（もどってきて今、目の前にいる）

基礎かくにん⑥　過去完了

過去完了形の形

- 完了・経験・状態動詞の継続は　had 過去分詞
- 動作動詞の継続は　had been 〜 ing
- 疑問文は　Had S 過去分詞 〜 ?
　　　　　　Had S been 〜 ing 〜 ?
- 否定文は　had not 過去分詞
　　　　　　had not been 〜 ing

● 否定文の短縮形は hadn't 過去分詞

hadn't been ～ ing

完了
経験
継続

大過去　過去の点　現在

1. 過去完了 {完了}

過去のある時点までに動作が完了していたことをあらわします。「～してしまっていた」と訳します。

[The thief] had ⟨already⟩ run away ⟨when [the policeman] arrived⟩.
　　　　　　　　　　　　　　　　　　　　　　　　　　　　過去の点

訳 警官が着いたとき、泥棒はすでに逃げてしまっていた。

警官が着いた過去の時点を基準にして、その時点までに泥棒は逃げることを完了していたことをあらわします。

2. 過去完了 {経験}

過去のある時点までの経験をあらわします。「（その時までに）～したことがあった」と訳します。

He had climbed [Mt. Fuji] ⟨three times⟩ ⟨before he moved to Nagasaki⟩.　　　　　　　　　　　　　　　　　　　　過去の点

＊ *before* はこの文では接続詞「～する前に」（☞ p.221）

訳 彼は長崎に引っ越した時までに（引っ越した前に）3回富士山に登ったことがあった。

彼は、引っ越しをした過去の時点までに富士山に登った経験が3回あったということです。

I had never seen her 〈before [that time]〉.
　　　　　　　　　　　　　過去の点

＊ *before* はこの文では前置詞「〜の前に」

訳 私はその時までに彼女に会ったことはなかった。

3. 過去完了 {継続}・過去完了進行形 {継続}

現在完了のときと同じで、**進行形にできない動詞は過去完了**。進行形に**できる動詞は過去完了進行形**です。

(1) 進行形にできない状態動詞の継続は過去完了

進行形にできない動詞の過去のある時点までの継続は、
had 過去分詞〜の形です。

「be動詞＋形容詞」の過去のある時点までの継続は、
had been 形容詞〜の形です。

I had loved [the actor] 〈for seven years〉〈before he was 〈suddenly〉
　　　　　　　　　　　　　　　　　　　　　　　　　　過去の点

killed in [the traffic accident]〉.

訳 私は、その俳優が突然交通事故で亡くなる前、7年間彼のことが大好きだった。loveは状態動詞。
→ 意訳 私は7年間その俳優が大好きだったが、彼は突然交通事故で亡くなってしまった。

＊ *before* は接続詞「～する前に」(☞ **p.221**)

I had been sick 〈for ten days〉〈when the doctor came〉.
　　　　　　　　　　　　　　　　　　　　　過去の点

訳 私は、医者が来た時には、10日間病気だった。

(2) 進行形にできる動作動詞の継続は過去完了進行形

進行形にできる動詞の過去のある時点までの継続は、
had been ＋ ～ ing の形です。

I **had been** danc**ing** 〈alone〉〈for five hours〉〈when he called me〉.
　　　　　　　　　　　　　　　　　　　　　　　　　　　過去の点

訳 私は、彼から電話があったとき、ひとりで5時間踊っていた。
→ 意訳 私がひとりで5時間踊っていたら、彼から電話がかかってきた。

単元5　時制　143

Power up レクチャー！

過去の点か幅か？

4択でるでる問題

空所に入れる語句を下のア～エから選んでみよう。

1. I (　　　) in New York for five years when I was young.

2. I (　　　) in New York for five years when I met her at the Christmas party.

ア　live　　イ　lived　　ウ　have lived　　エ　had lived

こたえ

1. **イ**

　訳　私は、若い頃5年間ニューヨークで暮らしていました。

　この文では、若い頃と5年間は重なっています。若い頃以前の5年間という意味ではありません。自分が若かった頃の5年間をふり返っているので、答えは過去形です。

　この問題は、過去完了がきちんとわかっていなければできない問題で、たくさんの人が、答えはエだとまちがえます。過去完了というのは、過去のある**一時点**からさかのぼるということが、わかりにくいようです。

　p.121で、1. **一時点**をあらわす過去形と2. ある期間にわたる**幅**をあらわす過去形を学びましたね。過去完了は過去形が過去の一時点をあ

らわす場合に、その点からさかのぼって考えるのです。幅をあらわす過去形と過去完了は一緒に使えないのです。

I lived ⟨in New York⟩⟨for five years⟩⟨when I was young⟩．
過去の幅

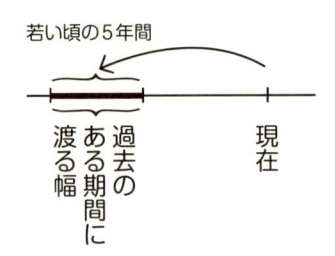

```
           若い頃の5年間
              ⌒
     ├──────┼──────┤
     過去の  過去の  現在
     ある    ある
     期間に  期間に
     渡る幅
```

2. エ

I had lived ⟨in New York⟩⟨for five years⟩⟨when I met her ⟨at the
過去の点

Christmas party⟩⟩．

訳 彼女とクリスマスパーティーで会った時、僕はその前5年間ニューヨークで暮らしていた。

→ 意訳 ニューヨークで暮らして5年過ぎた頃、僕はクリスマスパーティーで彼女と会った。

彼女と出会った過去の**一時点**から、5年前にさかのぼっています。

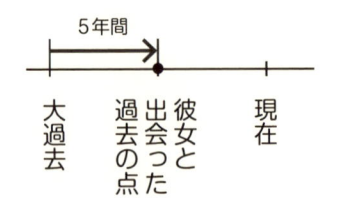

```
         5年間
     ├────→●────┤
     大    彼女と  現在
     過去  出会った
           過去の点
```

単元5 時制 147

正誤でるでる問題

下線部のうち誤っているところはどこかな？

"$\underset{ア}{\underline{Do}}$ you feel hungry?"

"No, not $\underset{イ}{\underline{at\ all}}$. I $\underset{ウ}{\underline{have\ eaten}}$ lunch an hour $\underset{エ}{\underline{ago}}$."

こたえ

ウ　× have eaten → ◯ ate

訳「おなかすいてる？」「全然。1時間前にランチを食べたよ。」

〈an hour ago〉は過去形で使います。過去をあらわす副詞の〈期間＋ago〉と現在完了は一緒に使えません。

＊ not at all … 全然〜ない

基礎かくにん⑦　未来完了

未来完了の形

未来の一時点までの**完了・経験**・状態動詞の**継続**は

　　　　　will have ＋ 過去分詞

動作動詞の**継続**は　　will have been 〜 ing

疑問文は　Will S have 過去分詞〜？　Will S have been 〜ing 〜？

否定文は　will not have 過去分詞／will not have been 〜ing

1. 未来完了 {完了}

未来のある時点までの動作の**完了**をあらわします。「その時点までには～してしまっているだろう」と訳します。

She will have dressed up ⟨for a date with him⟩ ⟨**by the time** he comes⟩.
　　　　　　　　　　　　　　　　　　　　　　　　　　　　未来の一時点

訳　彼女は彼が来るまでには、彼とのデートのためにドレスアップを終えていることだろう。

＊ *by the time S V～* … ～するまでには

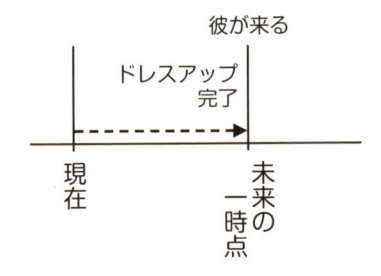

2. 未来完了 {経験}

未来のある時点までの**経験**をあらわします。「その時点までに～することになるだろう」と訳します。

I will have visited [Tokyo Disney Sea] ⟨three times⟩ ⟨**if** I visit it
　　　　　　　　　　　　　　　　　　　　　　　　　　　　未来の一時点

⟨once more⟩⟩.

訳　もしも私があともう一度東京ディズニーシーに行くと、3回行くことになるだろう。

＊ *if S V～* … もしも～ならば

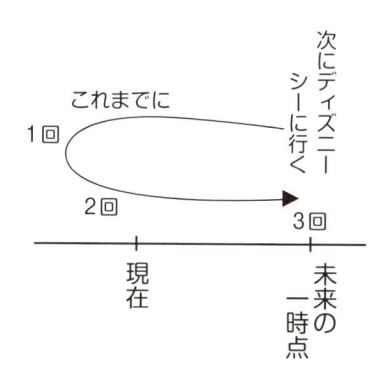

3. 未来完了 {継続}・未来完了進行形 {継続}

現在完了や過去完了のときと同じで、進行形にできない動詞は**未来完了**。進行形にできる動詞は**未来完了進行形**の形です。未来のある時点までの**継続**をあらわします。

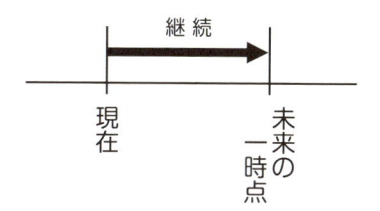

(1) 進行形にできない状態動詞の継続は未来完了

その時点まで「ずっと～だろう」と訳します。

進行形にできない状態動詞の未来の一時点までの継続は、
will have 過去分詞の形です。

「be動詞＋形容詞」の未来の一時点までの継続は、
will have been 形容詞の形です。

We will have known [each other] ⟨for six years⟩ ⟨next Christmas⟩.
🇷 次のクリスマスで私たちは知り合って6年になるだろう。
　（今も知りあいで、次のクリスマスで6年になるだろう）
knowは状態動詞。

I will have been sick ⟨for ten days⟩ ⟨next Sunday⟩.
🇷 次の日曜日になると、私は10日間ずっと具合が悪いことになるだろう。
　（今も具合が悪くて、ずっと10日間継続して具合が悪いだろう）

(2) 進行形にできる動作動詞の未来の一時点までの継続は未来完了進行形

未来のその時点まで「ずっと ～しているだろう」と訳します。**未来完了進行形は will have been ～ ing の形です。**

⟨By next month⟩ Jun will have been learning [how to play the guitar] ⟨for three years⟩.
🇷 来月には、潤は3年間ずっとギターのひき方を習っていることになるだろう。
　（今も習っていて、来月で3年になるだろう）
learnは動作動詞。

　　　　　＊ *by* [～] … [～] までには
　　　　　＊ *how to do* ～ … ～のやり方、どのように～するか

基礎かくにん⑧ 時制の一致

1. 時制の一致って何？

はじめに出てくる動詞が現在形の時は、「時制の一致」はありません。

① I think [that he likes Tomomi].
　訳 私は、彼は友美ちゃんを好きだと思う。

② I think [that he will like Tomomi].
　訳 私は、彼は友美ちゃんを好きになるだろうと思う。

③ I think [that he liked Tomomi].
　訳 私は、彼は友美ちゃんを好きだったと思う。

上の①②③の例文は、thinkが過去形のthoughtに変わると、うしろの動詞は次のように時制を一致させます。はじめに出てくる動詞が過去形の時には、あとに出てくる動詞の時制をはじめの動詞の過去形に応じて変えなければいけません。これを「**時制の一致**」といいます。

① I thought [that he **liked** Tomomi].
　訳 私は彼は（今）友美ちゃんを好きだと思った。

過去形のthoughtに合わせて、上の①のlikesはlikedに変えて時制を一致させます。だけど、訳は「好きだった」ではありません。過去の時点で、私は「彼は（今）友美ちゃんのことが好きなんだ！」と思ったのです。

② I thought [that he **would** like Tomomi].
　訳 私は、彼は（これから）友美ちゃんを好きになるだろうと思った。

過去形のthoughtに合わせて、上の②のwillは過去形のwouldに変えて時制を一致させます。

③ I thought [that he **had liked** Tomomi].

訳 私は、彼は（以前）友美ちゃんを好きだったと思った。

　過去形のthoughtに合わせて、上の③のlikedは大過去の **had liked** に変えて時制を一致させます。すると、過去のthoughtよりも had liked はもっと前の過去である大過去をあらわします。

　私は、「彼は以前友美ちゃんを好きだった」と過去の時点で思ったのです。

2. 時制の一致の例外

次のような文では、「時制の一致」はありません。

(1) 不変の真理やことわざ

　不変の真理やことわざは、常に現在形のままで、はじめの動詞が過去形でも「時制の一致」はしません。

He said [that light travels faster than sound].

訳 彼は、光は音よりも速く伝わる、と言った。

不変の真理は常に現在形のままです。travelsは「時制の一致」をして過去形のtraveledになることはありません。

[My father] ⟨always⟩ told me [that honesty is [the best policy]].

訳 父はいつも私に、「正直は最善の策」と話していた。

ことわざは常に現在形のままです。isは「時制の一致」をして過去形のwasになることはありません。

(2) 習慣や事実

習慣や事実は、常に現在形のままで、はじめの動詞が過去形でも「時制の一致」はしません。

[The old lady] said [that she takes a walk 〈every morning〉].

訳 そのおばあさんは毎朝散歩をすると言いました。

習慣や事実は常に現在形のままです。takes は「時制の一致」をして過去形の took になることはありません。

(3) 歴史上の事実

歴史上の事実は常に過去形のままで、「時制の一致」のために大過去にしません。

The teacher told us [that [World War II] ended 〈in 1945〉].

訳 先生は、第2次世界大戦は1945年に終わったと、私たちに言いました。

先生が話した過去よりも、大戦が終わったのはさらに前の過去です。だから、本来なら大過去の had ended にするべきです。しかし、さらに前であることはわかりきったことです。だから歴史上の事実は、「時制の一致」はせずに常に過去形でよいのです。

(4) 仮定法

事実に反する内容について「〜ならなあ」という文を仮定法といいます。仮定法の文には、常に変わらないルールがあり、「時制の一致」はしません。
下の文は、wish が wish**ed** になっても that 節内の仮定法のルールは変わりません。

I **wish** [that I were a Cinderella].
訳 私は、私がシンデレラならなあ、と思っている。

I wish**ed** [that I <u>were</u> a Cinderella].

訳 私は、私がシンデレラならなあ、と思って**いた**。

　現実には、絶対にシンデレラにはなれません。王子様も迎えに来ません。現実にはシンデレラではないのに「シンデレラならなあ…」というような、現在の事実に反する仮定法には、いつでもbe動詞はwereを用いるというような独特なルールがあり、「時制の一致」はしません。

＊ まとめのかくにん問題 ＊

1 空所に入れる最も適当なものを選びましょう。

1. We will put off the game if it (　　) tomorrow.

    ア　rains　イ　will rain　ウ　will be raining　エ　rained

2. Atsuko (　　) a bath when Kenichi called her up last night.

    ア　takes　イ　was taken　ウ　was taking　エ　had been taking

3. Atsuko (　　) a bath for forty minutes when Kenichi called her up last night.

    ア　takes　イ　was taken　ウ　was taking　エ　had been taking

4. He (　　) in Nagoya for seven years by next April.

    ア　has lived　イ　was living　ウ　will have lived
    エ　will be living

5. I (　　) for three hours at the station when he appeared.

    ア　waited　イ　was waiting　ウ　had waited
    エ　had been waiting

6. The cat (　　) for four hours now.

ア　is sleeping　　イ　has slept　　ウ　has been sleeping
エ　had been sleeping

2 次の文の下線部のなかで間違っているところを見つけて訂正しましょう。

1. I <u>have gone</u> to the airport <u>to</u> see my friend <u>off</u>.
　　　ア　　　　　　　　　　イ　　　　　　　　ウ

2. I wonder <u>if</u> she <u>is belonging</u> <u>to</u> the tennis club.
　　　　　ア　　　　イ　　　　　　ウ

こたえ

1

1. **ア**

   訳 もしも明日雨ならば、私たちは試合を延期するつもりです。

   We will put off [the game]⟨if it rains ⟨tomorrow⟩⟩.

   ＊ *put off* [〜] = *postpone* [〜] …［〜］を延期する

   if節は条件をあらわす副詞節なので、未来のことでも現在形を使う。

   (☞ p.117)

2. **ウ**

   訳 あつこは夕べ、ケンイチが電話をかけてきた時、ちょうどお風呂に入っていた。

   Atsuko was taking [a bath]⟨when [Kenichi] called her up ⟨last night⟩⟩.

   電話をかけてきたちょうど過去のその時点で最中だったということだ

けを言っているので、過去進行形が正しい (☞ p.126)。
どのくらいの時間、お風呂に入っていたかは全く問題にしていない。

3. エ

   訳 あつこは夕べ、ケンイチが電話をかけてきた時には、40分お風呂に入っていた。

   Atsuko had been taking [a bath]〈for forty minutes〉〈when [Kenichi] called her up 〈last night〉〉. 動作動詞の継続は過去完了進行形 (☞ p.142)。

   ケンイチが電話をかけてきた過去の時点からさかのぼって40分前からお風呂に入っていて、電話が鳴った時もまだお風呂に入っていた。2.の問題との区別が重要です。

4. ウ

   訳 彼は次の4月までに、7年間名古屋で暮らすことになるだろう。
   He will have lived 〈in Nagoya〉〈for seven years〉〈by next April〉.
   未来完了｜継続｜ (☞ p.149)。live は状態動詞だから、｜継続｜でも未来完了進行形にしなくてよい。

5. エ

   訳 私は彼が現れた時には、駅で3時間待っていました。
   I had been waiting 〈for three hours〉〈at the station〉〈when he appeared〉.

   過去完了進行形｜継続｜(☞ p.142)。wait は有意志動作動詞だから｜継続｜は過去完了進行形です。「3時間前から彼が現れた過去の一時点までずっと待っていた。」という意味になり、「彼が現れた」過去の点から3時間前にさかのぼっています。

6. **ウ**

訳 そのネコはもう4時間ずっと眠っています。

[The cat] has been sleeping ⟨for four hours⟩⟨now⟩.

現在完了進行形|継続|(☞p.134)。sleepは動作動詞です。だから|継続|は現在完了進行形です。4時間前からずっと今まで眠っている。

2

1. **ア**

訳 私は友達を見送りに、駅へ行ってきたところです。

訂正 → I have been to [the airport]⟨to see [my friend] off⟩.

have gone to と have been to の区別 (☞p.139)。

不定詞は、副詞用法「目的」(☞p.173)。　＊*see* [人] *off* … [人]を見送る

2. **イ**

訳 彼女はテニスクラブに属しているのかしら。

訂正 → I wonder [if she belongs to [the tennis club]].
　　　　　　S　V　　　　　　O

ifは名詞節を導くので、「〜かどうか」と訳します。

belongは状態動詞だから進行形にできない。進行形にできない動詞 (☞p.123)。

＊*belong to* [〜] … [〜]に属している

特に出るウルトラ4!!

おまけの Check!

次の単語の中で、進行形にできない状態動詞はどれでしょう。

1. belong
2. contain
3. know
4. run
5. play
6. sleep
7. rain
8. hear
9. look
10. listen
11. study
12. work
13. resemble

こたえ

1. belong　2. contain　3. know　8. hear　13. resemble

注意：seeとhearは自然と見えたり聞こえたりすることをあらわすので進行形にできませんが、lookとlistenは注意して見たり聞いたりすることをあらわすので進行形にできます。

単元 6

不定詞

●基礎かくにん●

① 名詞用法 …………………………………… 162
② 形容詞用法 ………………………………… 167
③ 副詞用法 …………………………………… 173
④ SVO + to 不定詞 ………………………… 185
⑤ 不定詞の否定形 …………………………… 185
⑥ 不定詞の時制 ……………………………… 186
⑦ 不定詞の受動態 …………………………… 192
⑧ be to 不定詞 ……………………………… 193
⑨ 不定詞を含む慣用表現 …………………… 197
⑩ 独立不定詞 (不定詞を含む決まり文句) …… 202

単元 6　不定詞

「to + 動詞の原形」の形を「to 不定詞」といいます。「→未来（先）に向かうニュアンス」があります。動詞の性質をもちながら、名詞や形容詞や副詞としてはたらきます。これから、不定詞の3つの用法の、**名詞用法・形容詞用法・副詞用法**やその他の不定詞の重要な使い方を勉強します。

基礎かくにん①　名詞用法

不定詞名詞用法は、文のなかで、名詞と同じ役割をし、主語や目的語や補語になります。「〜すること」と訳します。

基礎 れんしゅう問題 ★

次の文の不定詞名詞用法のまとまりを [しかくカッコ] でくくってみよう。そしてそのまとまりは、文のなかで S／O／C のどのはたらきをしていますか？ 文構造をとってみよう。

1. To live without you is impossible.

2. It is bad for the health to eat too much chocolate.

3. He pretended to be asleep 〈when his wife began to scold him〉.

4. I think it wrong to tell lies.

5. To see is to believe.

こたえ

1. 【To live without you】 is (impossible).
   　　　　S　　　　　　　V　　　C

   訳 [あなたなしで生きること]は不可能です。

   下線部は名詞用法でSのはたらきをしています。

2. It is bad for the health 【to eat [too much chocolate]】.
   S V C

   訳 [チョコレートの食べ過ぎ]はからだに悪い。

   Itは仮主語 (☞ p.63) で下線部の名詞用法は「真主語」になっています。

   ＊ *bad for the health* … 健康に悪い

3. He pretended [to be asleep] ⟨when [his wife] began [to scold him]⟩.
   　S　　V　　　O　　　　　　S　　　V　　　O

   訳 妻が彼を[叱り]始めると、彼は[寝ている]ふりをした。

   下線部は名詞用法で、それぞれ、pretendedとbeganの目的語になっています。

4. I think it wrong [to tell lies].
   S　V　O　　C

   訳 私は[うそをつくこと]は悪いと思う。

   itは仮目的語（☞ p.63）で下線部の名詞用法は「真目的語」になっています。

5. [To see] is [to believe].
   　S　　V　　C

   訳 [見ること]は[信じること]です。（百聞は一見にしかず ことわざ）

   下線部は名詞用法でTo seeは主語で、to believeは補語のはたらきをしています。

Power up レクチャー！ 仮主語Itから始まる文に注意しよう
（☞ p.63）

次の文には3つの「主語」と呼ばれるものが出てきます。

それは、①仮主語のIt　②真主語[to以下の名詞用法]　③不定詞の意味上の主語です。

It is necessary ⟨for me⟩ **to be alone** ⟨when I think about you ⟨quietly⟩⟩.

訳 あなたのことをそっと静かに想う時には、私はひとりでいる必要があるのです。

to不定詞は名詞用法で真主語のはたらきをしています。文の主語は「仮主語のIt」でそのItが指すのは「to以下の真主語」です。そして、不定詞の意味上の主語と呼ばれるのが、for meのmeです。上の文だと、誰がひとりでいるのかというと「私」だから、不定詞の意味上の主語は「私」です。

Check ぽいんと

It is ＋ 形容詞 ＋ { for / of } 意味上の主語 to 不定詞～．

の形では、不定詞の意味上の主語の前の前置詞は、形容詞の意味によって、forかofを使います。行為や事柄についての判断をあらわす形容詞 は for を使い、人の性質についての形容詞 は of を使います。

It was impossible for her to forgive [her husband].
訳 彼女が夫をゆるすことは不可能だった。

impossibleは判断をあらわす形容詞だから for。
次のような形容詞が「判断をあらわす形容詞」です。
hard, difficult（難しい）　easy（やさしい）　dangerous（危険な）
possible（可能な）　tough（困難な）　など。

> It is clever of her to refuse to marry him.
> 訳 彼女が彼と結婚することを断るのは賢明です。

cleverは人の性質についての形容詞だから of。

次のような形容詞が「人の性質をあらわす形容詞」です。

kind（親切な）　selfish（利己的な）　stupid（おろかな）
brave（勇敢な）　polite（礼儀正しい）　careless（不注意な）
thoughtful（思慮深い）　thoughtless（軽率な・考えのない）など。

4択・正誤 でるでる問題

次の文の空所に適当な前置詞を入れてみよう。

1. 私が彼のことを理解するのは難しい。

    It is difficult (　　) me to understand him.

2. 彼が彼女の愛情をもてあそぶのはおろかだ。

    It is stupid (　　) him to trifle with [her affections].

    ＊ *trifle with* [〜] … [〜]をもてあそぶ

こたえ

1. difficultは行為についての判断をあらわす形容詞だから答えは **for**。
2. stupidは人の性質についての形容詞だから答えは **of**。

単元6 不定詞

基礎かくにん② 形容詞用法

形容詞用法は、to不定詞が「これから〜する」という未来のニュアンスをもちながらうしろから前の名詞を形容詞のように修飾します。形容詞用法には**4**つのタイプがあります。それがわかるようになると、4択問題や正誤問題が解けるようになります。がんばりましょう！

🌸 1. SV（能動）の関係

> 注意：受動的ではない文のことを能動態の文といいます（☞p.102）。

S   V の関係
I am looking for [a **teacher**] (to teach me [flower **arrangement**]).
S V   O

訳 私はいけ花をおしえてくれる先生をさがしています。

＊ *look for* [〜] … [〜]をさがす

to teachは直前の [a teacher] という名詞を修飾しています。[先生] が私に「おしえる」のですから、a teacherとteachはSVの関係です。

[A teacher] teaches me [flower arrangement]．の関係
　　S　　　 V

🌸 2. SV（受動）の関係

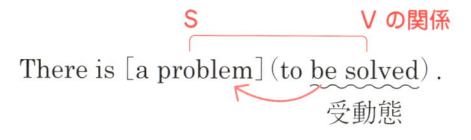

S   V の関係
There is [a problem] (to be solved).
                    受動態

訳 解決すべき問題があります。

　（これから解決しなければいけない問題があるという意味）

　to be solvedは不定詞の受動態の形です（☞ p.102）。直前の［a problem］という名詞を修飾しています。solveは［〜］を解決する、という意味で、［問題］は「解決される」のですから、a problemとbe solvedはＳＶの関係で、受動態の関係です。だからSVの受動関係です。

$$[\text{A problem}] \text{ is solved.} \quad \text{の関係}$$
$$\text{S} \qquad \text{V} \quad \text{受動態}$$

3. ＯＶの関係

(1) [The cute cat] wants [something] to eat.
　　　　　　　　　 S　　 V　　　　 O

　　　　　　　　　　　　　　　　Ｏ　　　　Ｖの関係

訳 そのかわいいネコは食べ物をほしがっている。

　to eatは直前の［something］という名詞を修飾しています。eat ［something］の関係で、［something］はeatの目的語になっています。だからOVの関係です。

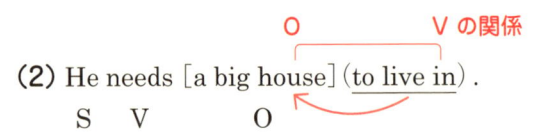

(2) He needs [a big house] (to live in).
　　 S　 V　　　 O

　　　　　　　　　　Ｏ　　　　　Ｖの関係

訳 彼には住む大きな家が必要です。

　to live inは直前の［a big house］という名詞を修飾しています。live in ［a big house］の関係だからOVの関係です。
　ちょっと難しい言い方をすると、［a big house］は前置詞inの目的語になっています。前置詞のうしろの名詞は、前置詞の目的語になっていると

いう言い方をします。live [a big house] とは言えません。live は自動詞だから、in という前置詞が必要です。それなのに、この in をよく書き忘れます。だから、私は、「**忘れてならない前置詞**」と言っています。

× He needs [a big house] to live.
○ He needs [a big house] to live (in). ← 忘れてならない前置詞

4. 内容説明

[His desire] (to have a date with her) will come true.
　　S　　　　　　　　　　　　　　　　　　V　　　C

＊ come true … 実現する

訳 彼の彼女とデートしたいという願いはかなうだろう。

to have a date with her は直前の [His desire] という名詞を修飾しています。そして、[His desire] の**内容を具体的に説明**しています。「彼の願望」の内容は「彼女とデートすること」です。この場合の不定詞形容詞用法は前の名詞の「内容説明」をしています。前の名詞と不定詞の動詞が SV や OV の関係でなければ、「内容説明」です。

基礎 れんしゅう問題

1. 次の文を和訳してみよう。文中の不定詞形容詞用法は、先の 1.～4. のどのタイプにあたりますか？

(1) [My brother] has [the ability] (to attract [a lot of girls]).

(2) I have [letters] (to write).

(3) He has [a girl friend] (to cook a delicious meal for him).

(4) He needs [a girl friend] (to go to a concert with).

2. 次のふたつの文を比較して、和訳してみよう。

(1) He has [no family] (to support).

(2) He has [no family] (to support him).

こたえ

1.

(1) [My brother] has [the ability] (to attract [a lot of girls]).
　　　　S　　　V　　　O

訳 兄は、たくさんの女の子をひきつける能力がある。

to不定詞は [the ability] の内容を説明しているので **4. タイプ**

the ability と attract の関係は、SVの関係でもOVの関係でもありませんね。

(2)　　　　　O　　　V
I have [letters] (to write).
S　V　　O

訳 私には書かねばならない手紙があります。

write letters の関係だから OVの関係。　**3. (1) タイプ**です。
　V　　O

単元6 不定詞

(3)
He has [a girl friend] (to cook [a delicious meal] 〈for him〉).
S V   O
      S   V

訳 彼には、おいしいお料理を作ってくれるガールフレンドがいます。

[a girl friend] cooks [a delicious meal] の関係だから、SVの関係で **1. タイプ**です。
   S   V

(4)
　　　　　　　O　　　　　　　　　　V
He needs [a girl friend] (to go to a concert with).
S V   O   ＊ *with* [人]…[人]と一緒に

訳 彼は一緒にコンサートに行くガールフレンドが必要です。

go to a concert with [a girl friend] の関係だから、[a girl friend] は
　　　　　　　　　⋮
　　　　　　前置詞＋O

前置詞withの目的語になっているOVの関係。前置詞のwithで文が終わっていることが手がかりです。**withは「忘れてならない前置詞」**。文末の前置詞とto不定詞の前の名詞がつながるかどうかで判断します。**3. (2)タイプ**です。

2.
(1)
　　　　　O　　　V
He has [no family] (to support).
S V   O

訳 彼には支えねばならない家族はいない。

support [family] の関係だから、**OVの関係**。family は support の目
　V   O

的語です。「家族を支える」のです。「支える対象の家族」がいない、という意味です。

(2)
He has [no family] (to support him).
　S　V　　 O

S: no family, V: to support, O: him

訳 彼には、彼のことを支えてくれる家族はいない。

この文は、「家族が彼のことを支える」、自分のことを支えてくれる家族がいない、という意味です。

> この(1)と(2)の違いがわかったら、すごいニャ！
> ずいぶんわかってきたことになるよ！

5. 形容詞用法の不定詞の意味上の主語

to不定詞の主語が文の主語ではないときは、to不定詞の前に for [〜] を置いて意味上の主語をあらわします。

基礎 れんしゅう問題 ★

次のふたつの文を比較して、和訳してみよう。

1. I have [a book] to read.

2. I have [a book] for you to read.

こたえ

1. I have [a book] (to read).

   訳 私は（私が）読む本を持っています。

   私が読む本だから、to不定詞の主語は文の主語の私（I）です。

2. I have [a book] (for you to **read**).

   訳 私はあなたが読む本を持っています。

   you read の関係だから、you は to read の意味上の主語です。
   　s　　v

基礎かくにん③　副詞用法

　動詞や**形容詞**や**文全体**を修飾する副詞のはたらきをしている to不定詞を「不定詞副詞用法」といいます。不定詞副詞用法には6つの意味があります。これから6つの意味を整理していきましょう。

1. 目的

「〜する目的で、〜するために」と訳します。

He went to Italy to study music.
　　　　　　　　　ために

　　　to不定詞はうしろから**動詞**にかかります。

訳 彼は音楽を勉強する目的でイタリアへ行った。

= He went to Italy in order to study music.
= He went to Italy so as to study music.

Check ぽいんと

副詞用法「目的」では、「目的」の意味であることをはっきりさせるために、in order to do～ または、so as to do～ の形にすることがあります。

2. 感情（の原因・理由）

to不定詞が「**感情**」**をあらわす表現**にかかることが大きな特徴です。だから「感情」と分類します。

I am glad to see you.
して

訳 あなたに会えてうれしい。

to不定詞は、うしろから「**～して**」と訳して、必ず前の**感情をあらわす表現**にかかります。

🌸 3. 判断（の原因・理由）

「**〜なんて**」と訳して、何らかの「**判断の理由**」をあらわします。だから「判断」と分類します。

She <u>must be rich</u> <u>to wear</u> [such a gorgeous brooch].
　　　　　　↑ なんて

訳 彼女はあんなゴージャスなブローチをつけている<u>なんて</u>金持ちにちがいない。

彼女がお金持ちだと判断する理由が、ゴージャスなブローチをつけているということです。

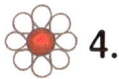

🌸 4. 条件

to 不定詞が文頭に置かれて、うしろの文（主節）を文修飾します。「**もしも〜ならば**」と訳します。接続詞の If と同じ意味をあらわします。「If 節」のことは「条件節」ともいいます。だから、この to 不定詞を「**条件**」と分類します。副詞用法「条件」は必ず仮定法の意味をもちます。事実に反する内容を仮定する文を**仮定法**といいます。

〈To look at [her showy dress]〉, you wouldn't think [that she is [a teacher]].
　　うしろの文全体にかかる　　　　必ず仮定法　仮定法の主節には助動詞の過去形を使います。

訳 もしも彼女の派手な服装を見れば、あなたは彼女を先生とは思わないだろうになあ。

= If you looked at [her showy dress], you wouldn't think [that she is a teacher].

実際には今見るわけではなくて、「もしも見れば」と仮定しています。現在の事実に反する仮定は、If節中は動詞の過去形を使い、主節は助動詞の過去形を使ってあらわします。

5. 結果

「…して（その結果）〜」と訳します。文頭から文末に訳しおろすと、きれいな日本語に訳せます。

副詞用法「結果」によく出てくる5つの形

(1) wake up to do 〜　目覚めて（その結果）〜する
(2) grow up to be 〜　成長して（その結果）〜になる
(3) live to be 〜　　　生きて（その結果）〜になる　意訳 〜まで生きる
(4) … only to do 〜　…して（その結果）ただ〜 するだけだった
(5) … never to do 〜　…して（その結果）二度と〜しない

単元6　不定詞　177

5つの「よく出てくる形」を例文でみてみましょう。

(1) He **woke up to** find himself (in her room).
　　S　V　　　　　 v　　o　　　　c

　　目覚めて（その結果）〜する

　訳 彼は目を覚ますと、彼女の部屋にいることがわかった。
　直訳 彼は、目覚めると自分自身が彼女の部屋にいる状態であることがわかった。

(2) She **grew up to** be [a lovely woman].

　　成長して（その結果）〜になる

　訳 彼女は成長して美しい女性になった。

(3) [My grandfather] **lived to** be ninety.

　　生きて（その結果）〜になる

　訳 祖父は90歳まで生きた。
　直訳 祖父は生きて90歳になった。 直訳は変な訳

(4) I tried again, **only to** fail.

　　…して → （その結果）ただ〜するだけだった

　訳 私はもう一度やってみたが、ただ失敗しただけだった。

(5) [The turtle] went out into the sea, **never to** return.

　　…して → （その結果）二度と〜しない

　訳 そのカメは海へ出て行き、二度と戻らなかった。

6. 形容詞もどり (to不定詞がうしろから前の形容詞を修飾)

This book is easy to read.
　　　　　　to不定詞がうしろから前の形容詞にかかる

訳 この本は読みやすい。

　矢印がうしろから前の形容詞にもどっている（←）ので、私は「**形容詞もどり**」と言っています。この文には大きな特徴があり、それがわからないと問題が解けません。

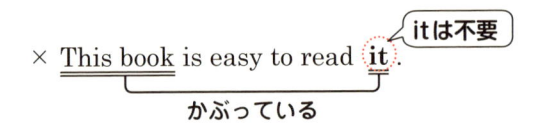

× This book is easy to read it.　 itは不要
　　　　　かぶっている

　この文は誤りです。上の正しい文との違いは、文末のitです。文末のit = this bookなので、itがあると、「この本は、この本を読むのはやさしい」となります。「この本」が同じ文に2回出てきてくどく感じます。この文はto不定詞の動詞の目的語が主語とかぶっているしくみなのです。readは目的語が必要な他動詞ですが、文末の目的語をはぶきます。

正誤でるでる問題

次の文の誤りを訂正しよう。

1. This problem is hard to solve it.

2. Your question is impossible to answer it.

単元 6　不定詞

こたえ

1. it → ×　itは不要。　訳 この問題は解くのが難しい。
2. it → ×　itは不要。　訳 あなたの質問に答えるのは不可能です。

Check ぽいんと

「形容詞もどり」の文では、to不定詞の動詞が他動詞の場合に、その目的語が必ず主語とかぶっているしくみです。だから、くどいので目的語をはぶき、他動詞でぶち切れたように終わります。

Oh No!

4択でるでる問題

次の文の空所に入れる適当な語句を選んでみよう。

1. This river is dangerous to (　　　).

   ア　swim　　イ　swimming　　ウ　swim in　　エ　swim in it

2. She is really pleasant to (　　　).

   ア　talk　　イ　talking　　ウ　talk to　　エ　talk to her

こたえ

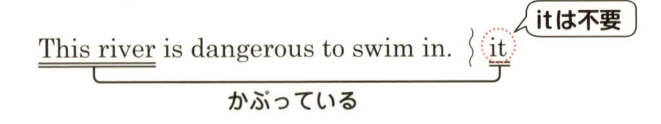

1. **ウ**

This river is dangerous to swim in. 〔it〕 **itは不要**

かぶっている

訳 この川は泳ぐと危険です。

swimは自動詞なのでswim [this river] とは言えません。
swim in [this river] が正しいので、swimのうしろにはinが必要です。
inのうしろに、主語とかぶるthis riverを置かないルールだから答えはウです。

2. **ウ**

She is really pleasant to talk to. 〔her〕 **herは不要**

かぶっている

訳 彼女は話をすると本当に楽しい。

talkは自動詞だからtalk [her] とは言えず、talk to [her] が正しい形です。前置詞toのうしろは目的格のherですが、主語のSheとherは同一人物でかぶるのでherを置かないルールだから答えはウです。

Check ぽいんと

「形容詞もどり」の文では、to不定詞の動詞が自動詞の場合は、うしろに前置詞が必要です。前置詞のうしろの名詞は主語とかぶるのではぶき、最後が前置詞で文が終わります。

単元6 不定詞

基礎 れんしゅう問題

次の下線部の副詞用法は、「目的・感情・判断・条件・結果・形容詞もどり」の6つの意味のうち、どの意味で使われているのでしょうか? 和訳してみよう。

1. I was a fool <u>to think</u> that she really loved me.

2. She was on a diet <u>to lose</u> weight.

3. Everybody was surprised <u>to know</u> that he got full marks in math.

4. She tried her best <u>to charm</u> him, <u>only to fail</u>.

5. His name is difficult <u>to pronounce</u>.

6. <u>To look at</u> her face and body, you would never guess her age.

こたえ

1. I was [a fool] ⟨to think [that she ⟨really⟩ loved me]⟩.
   　S V　　C　　　V　　　　　s　　　　v　　o

   ← なんて

   下線部は副詞用法｛判断｝

   訳 彼女が本当に自分を愛していると思ったなんて、僕はバカだった。

   「僕はバカだった」と判断する理由が、彼女が本当に自分を愛しているとかんちがいしたこと。

2. She was (on a diet) ⟨to lose [weight]⟩.
   　S　V　　　C　　　　　v　　　o

   ← ために

   下線部は副詞用法｛目的｝

   訳 彼女はやせるためにダイエットをしていた。

   ＊ *be on a diet* … ダイエット中　　＊ *lose weight* … やせる

3. Everybody was surprised ⟨to know [that he got [full marks] ⟨in math⟩]⟩.
   　　S　　　　V　　　C　　　　V　　　　s　　v　　　o

   ← して

   下線部は副詞用法｛感情｝

   訳 彼が数学で満点をとったと知って、みんな驚いた。

   「みんなが驚いた」理由が、「彼が満点をとった」ということ。

単元6 不定詞

4. She tried [her best] 〈to charm him〉, 〈only to fail〉.
    S V   O   v   o

                                ← ために   → ただ〜しただけだった。

to charm him は副詞用法{目的}、only to fail は副詞用法{結果}

訳 彼女は彼の気をひくためにベストを尽くそうとしたが、ただ失敗しただけだった。

5. [His name] is difficult to pronounce.
      S   V   C

下線部は副詞用法{形容詞もどり}

訳 彼の名前は発音するのが難しい（言いにくい名前という意味）。

pronounce [his name] の関係だから、pronounce の目的語は主語とかぶっている。だから pronounce は他動詞であるにもかかわらず、文がぶち切れたように終わっている。

6. 〈To look at [her face and body]〉, you would never guess [her age].
     V   O   S   V   O

下線部は副詞用法{条件}

                                仮定法の主節には助動詞の過去形を使う

訳 彼女の顔と身体を見れば、あなたは彼女の年齢を絶対に想像できないだろうになあ。

7. 副詞用法の意味上の主語

to 不定詞の前に for [〜] を置いて意味上の主語をあらわします。

れんしゅう問題

次のふたつの文を比較して、和訳してみよう。

1. I went out of the room to take a shower.

2. I went out of the room for the couple to talk freely.

こたえ

1. I went out of the room 〈to **take** a shower〉.
   訳 私はシャワーをあびるために、部屋を出た。

   to 不定詞は副詞用法 {目的}。私がシャワーをあびるのだから、to 不定詞の主語は文の主語の I です。

2. I went out of the room 〈〈for the couple〉 to **talk** freely〉.
   訳 私は、カップルが自由に話せるように、部屋から出た。

   to 不定詞は副詞用法 {目的}。[The couple] talk freely. の関係で、自由に話をするのはカップルです。
   　　　　　　　　　　　　　　　　　　　 S　　　 V
   だから、the couple が **talk** の意味上の主語です。

基礎かくにん④　ＳＶＯ＋to 不定詞

　tell, want, ask, advise, allow（許す）, permit（許す）, expect（期待する）, order（命令する）, warn（警告する）などの動詞はこの形をとれます。
　「ＳＶＯ＋to 不定詞」は、「ＳはＯが〜することをＶする」と訳します。

I **want** you **to** stay 〈here〉〈with me〉〈tonight〉.
　= I **would like** you **to** stay 〈here〉〈with me〉〈tonight〉.

　訳 私はあなたが今夜私と一緒にここにいることを望みます。
　意訳 私はあなたに今夜私と一緒にここにいてほしい。
　　　（今夜は一緒にいてね。）
　　　　　＊ *would like* は *want* のていねいな形で、*want* と同じように使えます。

He **expects** her **to** love him.
　訳 彼は彼女が愛してくれることを期待している。

[The doctor] **advised** [my father] **to** give up [smoking].
　訳 医師は私の父に禁煙するようアドバイスした。

基礎かくにん⑤　不定詞の否定形

　to 不定詞は not や never と一緒に使うと否定形になります。not や never の位置に気をつけようね！

不定詞の否定形のつくり方

toの直前に、notやneverを置きます。

tell [人] to do 〜 … [人]が〜するように言う

→ 否定形　tell [人] not to do 〜 … [人]が〜しないように言う

I told him not to enter [my room].
訳 私は彼に、私の部屋へ入らないように言った。
　notをneverと取りかえると「絶対に入らないように言った。」になります。

Power up レクチャー！

in order to do 〜 / so as to do 〜 の否定の形

副詞用法｛目的｝の否定形はin order not to do 〜か so as not to do 〜です。「〜しないように」と訳します。

I got up ⟨early⟩⟨in order not to miss [the first train]⟩.
訳 私は始発電車に乗り遅れないように早起きした。

基礎かくにん⑥　不定詞の時制

　不定詞は「→未来(先)に向かうニュアンス」をもっています。また他方で、不定詞は、述語動詞（はじめに出てくる動詞）と関連して、2つの形で「同時」や「ひとつ前の時」をあらわすことがあります。「同時」とか「ひとつ前の時」とはどういうことなのか、これから勉強しましょうね。

1. 単純形 「to ＋ 動詞の原形」
　　　　述語動詞（はじめに出てくる動詞）と同時をあらわします。
2. 完了形 「to have ＋ 過去分詞」
　　　　述語動詞（はじめに出てくる動詞）よりも以前（ひとつ前の時制）をあらわします。

> **形のルール**
> **seemという動詞の「お決まり書きかえパターン」**
>
> S seem to be ～.　　　訳 ～のようです・～のように思えます
> ＝ It seems [that S V ～].　　■ には同じ名詞が入る

この書きかえパターンを使って、**不定詞の４つの時制パターンを確認し**ましょう。

1. 単純形「to ＋ 動詞の原形」は同時をあらわす

(1) 現在形の動詞のうしろに続く to ＋動詞の原形は現在をあらわします。

　　　　　　　現在　　　現在
　　　　　He seems to be happy.
　　　　　　　　　　同時

　　　　　　　現在　　　　　現在
　　　＝ It seems [that he is happy].
　　　　　　　　　同時

単純形の to be は seems と同時をあらわします。だから to be は現在をあらわします。「彼は今幸せなようです。」の意味になります。

(2) 過去形の動詞のうしろに続く to＋動詞の原形 は、過去をあらわします。

$$\text{He } \underset{\text{過去}}{\underline{\text{seemed}}} \ \underset{\text{過去}}{\underline{\text{to be}}} \text{ happy.}$$

同時

単純形の to be は seemed と同時をあらわします。だから to be は過去をあらわします。

「彼は幸せのようでした。」の意味になります。

$$= \text{It } \underset{\text{過去}}{\underline{\text{seemed}}} \text{ [that he } \underset{\text{過去}}{\underline{\text{was}}} \text{ happy]}.$$

同時

✿ 2. 完了形「to＋have 過去分詞」はひとつ前の時制をあらわす

(1) 現在形の動詞のうしろに続く to＋have 過去分詞 は、過去をあらわします。

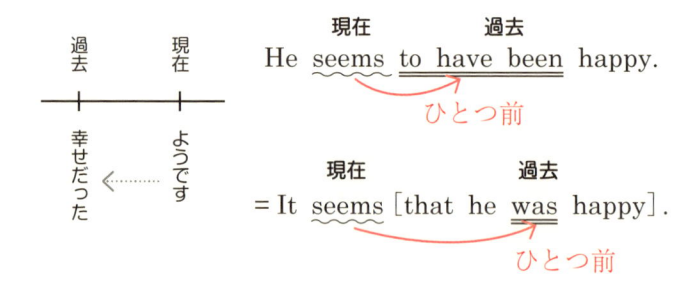

$$\text{He } \underset{\text{現在}}{\underline{\text{seems}}} \ \underset{\text{過去}}{\underline{\text{to have been}}} \text{ happy.}$$

ひとつ前

$$= \text{It } \underset{\text{現在}}{\underline{\text{seems}}} \text{ [that he } \underset{\text{過去}}{\underline{\text{was}}} \text{ happy]}.$$

ひとつ前

完了形の to have been は seems よりひとつ前の時制をあらわします。現在時制のひとつ前の時制は過去だから、「彼は以前幸せだったようです。」の意味になります。

ひと休み 豆知識コーナー♪

述語動詞（はじめに出てくる動詞）が現在形の場合に、あとに続く不定詞の完了形が現在完了の意味をあらわす場合もあります。

He <u>seems</u> <u>to have been</u> happy ⟨since yesterday⟩.
　= It seems [that he has been happy ⟨since yesterday⟩].
訳 彼は昨日からずっと幸せなようです。

(2) 過去形の動詞のうしろに続く **to＋have 過去分詞** は、<u>大過去</u>をあらわします。

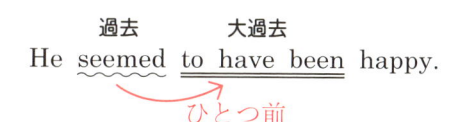

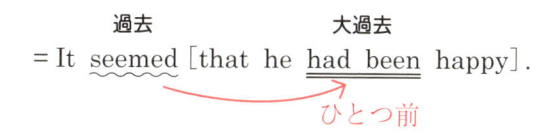

　　　　　過去　　　　大過去
　　　He seemed to have been happy.
　　　　　　　　　　ひとつ前

　　　　　過去　　　　　大過去
　= It seemed [that he had been happy].
　　　　　　　　　　　　ひとつ前

完了形の to have been は seemed よりひとつ前の時制をあらわします。過去時制のひとつ前の時制は大過去だから、「彼は<u>以前</u>幸せだったようでした。」の意味になります。

基礎 れんしゅう問題 ★

次の2つの文の下線部を比較して、和訳してみよう。

1. She is said <u>to be</u> optimistic ⟨in every respect⟩.

2. She is said <u>to have been</u> optimistic ⟨in every respect⟩.

こたえ

* S be said to 不定詞〜 … Sは〜と言われている
* optimistic … 楽観的な ⟷ pessimistic … 悲観的な
* in every respect … あらゆる点で

1. 訳 彼女はあらゆる点で楽観的だと言われている。

   言われているのは「今」、楽観的なのも「今」。不定詞の単純形は同時だから、「今」と「今」で同時。

2. 訳 彼女はあらゆる点で楽観的だったと言われている。

   言われているのは「今」、楽観的だったのは「過去」。不定詞の完了形はひとつ前の時制をあらわすから、「今」のひとつ前は「過去」。

Power up レクチャー！　「is said」の書きかえパターン

is said（言われている）にも seem（☞p.187）と同じような「書きかえパターン」があります。この書きかえでは、S には同じ名詞が入ります。

$$\begin{cases} \text{She is said to be optimistic.} \\ = \text{It is said that she is optimistic.} \end{cases}$$

$$\begin{cases} \text{She is said to have been optimistic.} \\ = \text{It is said that she was optimistic.} \end{cases}$$

S から文がはじまると to 不定詞が続きます。

「be said to 不定詞〜…〜と言われている」は決まり文句です。

（たとえば、「be able to do 〜…〜できる」を決まり文句として覚えているのと同じように考えましょう。）

「It is said that SV 〜」のItは仮主語で、that以下は真主語です。

ひと休み 豆知識コーナー♪

「intended to have 過去分詞」で「〜しようと思ったがダメだった」という意味をあらわします。ちょっと難しくて試験に出る頻度も高くないので、豆知識コーナーで気楽に勉強してみましょう。次の①と②の文を比べてみよう。

① intended to + 動詞の原形（過去の時点で前向き）

I intended to marry her.　　訳 僕は彼女と結婚しようと思った。

　過去に、これから彼女と結婚したいと前向きに思っていた。その後、実際に結婚できたかは不明。

② intended + to have 過去分詞（過去の時点ですでに挫折してうしろ向き）

I intended to have married her.
訳 僕は彼女と結婚しようと思ったのだが（ダメだった）。

この文では、不定詞の完了形を使うことで望む内容が過去の時点ですでに終わってしまっていたことをあらわし、「ダメだった（涙）」ことになります。I had intended to marry her. も同じ意味です。前向きに結婚しようと思っていたのは過去より前の大過去だということは、過去に断られてしまった（涙）ことをあらわすのです。

　intended toのほかに、hoped toやexpected toやwas to（be to 不定詞｛予定｝の過去形）も同じように使えます。（be to 不定詞はこのあとすぐに詳しく解説します）

● 英作文練習

次の文を英文にしてみよう。

「私は彼の手を握ろうと思ったけどダメだった。」

　　②の形を使うと　→　I intended to have held his hand.
　　　　　　　　　　　＝ I was to have held his hand.
　　　　　　　　　　　＝ I had intended to hold his hand.

　①の形は、過去の時点で「前向き」なので、「ダメだった」の意味はありません。だから、②のように「ダメだった」の意味にするためには、うしろに、「, but I couldn't」をくっつけます。

　I intended to hold his hand, but I couldn't.

　　　　　　　　　　　　　　　（英会話ではこの形をよく使います。）

基礎かくにん⑦　不定詞の受動態

不定詞の2つの形（単純形・完了形）は受動態で使われることがあります。

単純形と完了形の受動態のつくり方

- 単純形　to be 過去分詞
- 完了形　to have been 過去分詞

I want [to be loved 〈by him〉].　　訳 私は彼に愛されたい。

基礎かくにん⑧ be to 不定詞

「be動詞＋to不定詞」の形で、助動詞と同じようなはたらきをします。「可能・義務・予定・運命・意図」の5つの意味をもちます。最初の文字をとって、「カギヨウイ」と覚えましょう。それぞれの意味をきちんと整理します。

🌸 1. 可能 〈カ〉

助動詞の **can** と同じ意味をもちます。

［Nobody］**is to be** seen 〈on the street〉.

　　　　　　　　　= Nobody **can be** seen 〈on the street〉.

　訳 通りでは誰ひとり、姿は見えない。　直訳 見られない。

is to be の部分が「be動詞＋to不定詞」の形になっています。
be to（= can）／ **be** 過去分詞の形になっていて、受動態で否定文が多いのが特徴です。例文も主語がNobodyだから否定文です。

🌸 2. 義務 〈ギ〉

助動詞の **should** や **must** と同じ意味をもちます。

You **are to pay** ［your debts］. 　= You **should pay** ［your debts］.
　　　　　　　　　　　　　　　= You **must pay** ［your debts］.

訳 あなたは借金を返すべきです。

are to pay の部分が「be動詞＋to不定詞」です。

3. 予定　〈ヨ〉

人の取り決めをあらわし、「～することになっている」と訳します。

We **are to meet** 〈at the hotel〉〈at noon〉.
訳 私たちは正午にホテルで会うことになっています。
are to meet の部分が「be動詞＋to不定詞」です。

4. 運命　〈ウ〉

ゆく先にそうなる運命であることをあらわします。現在形の文では「～（の運命）だろう」、過去形の文では「～の運命だった」と訳します。

He **was** never **to see** her 〈again〉.
訳 彼は二度と彼女に会えない運命だった。
was to see の部分が「be動詞＋to不定詞」で、neverがあるので否定文です。

5. 意図　〈イ〉

If節中のbe to不定詞は意図をあらわします。「もしも～するつもりなら」と訳します。

〈**If** you **are to succeed**〉, you must make efforts.
訳 もしも成功するつもりなら、あなたは努力しなければならない。
are to succeed の部分が「be動詞＋to不定詞」です。「意図」の意味では、必ずIf節中で使います。　　　　　　　＊ *make efforts* … 努力する

基礎 れんしゅう問題

次の文中のbe to不定詞は、可能カ・義務ギ・予定ヨ・運命ウ・意図イのどの意味でしょうか？和訳してみよう。

1. You are to do your homework before you watch TV.

2. The happy couple are to spend their honeymoon in Hawaii.

3. If you are to live long, you must give up smoking.

4. What is to happen to us ?

5. Don't say anything to him because he is not to be trusted.

こたえ

1. **義務**

   訳 あなたはテレビをみる前に、宿題をやらなければいけません。

   You **are to do** [your homework] ⟨before you watch [TV]⟩.

   = You should do [your homework] ⟨before you watch [TV]⟩.

2. **取り決めをあらわす「予定」**

   訳 新婚夫婦は、ハワイでハネムーンを過ごすことになっています。

   [The happy couple] **are to spend** [their honeymoon] ⟨in Hawaii⟩.

3. **意図**

   訳 もしも長生きするつもりなら、たばこはやめなければいけません。

   ⟨If you **are to live** ⟨long⟩⟩, you must give up [smoking].

   ＊ *give up* ～ *ing* … ～するのをあきらめる、断念する

4. **運命**

   訳 私たちに（この先）何が起こる（運命）だろう？

   What **is to happen** to us?

   ＊ *happen to* [人] … [人]に起こる

5. **可能**　「be to be 過去分詞」の形の不定詞は受動態で否定文が多いという特徴があります。

   訳 彼には何も言うな。なぜならば彼は信用できないから。

   Don't say [anything]⟨to him⟩⟨because he ⎧ is **not** to **be trusted**⟩.
   　　　　　　　　　　　　　　　　　　　　⎩ = cannot be trusted.

   ＊ *not + anything* … 全否定。何も～ない

Power up レクチャー！　　　　　　　カギヨウイ!!

be to 不定詞の可能カ・義務ギ・予定ヨ・運命ウ・意図イの意味のなかで、とくにまぎらわしいのは、「**予定**」と「**運命**」です。両方をばくぜんと「これから先のことをあらわす」と考えてしまうと区別できません。「予定」は「**人による取り決め**」をあらわします。「運命」は人間の力のおよばない、人の意志ではどうにもならない**神様が導くような**運命的なことをあらわすのですよ。

ひと休み 豆知識コーナー♪

canでも「be to 不定詞」でも「可能」の意味をあらわすことができます。それならbe to 不定詞などやめて、canを使えばいいのに…と思いませんか？ 覚えることが多くて大変ですよね。大昔、まだcanやshouldなどがなかったころ、be to 不定詞が助動詞の働きをしていたと考えられています。やがて、動詞からcanやshouldのような助動詞が生まれて皆が使い始めると、be to 不定詞はかたくるしい言葉になりました。それでも、論文などに、be to 不定詞はときどき使われています。だから英文解釈にも出てくるので、きちんと勉強しておきましょうね。

基礎かくにん⑨ 不定詞を含む慣用表現

1. 疑問詞 ＋ to 不定詞 〜

名詞句のまとまりを作ります。

形のルール 疑問詞＋to不定詞の形

how to *do* 〜	どのように〜すべきか ／ 〜のやり方
what to *do* 〜	何を〜すべきか
which to *do* 〜	どちらを〜すべきか
where to *do* 〜	どこで〜すべきか
when to *do* 〜	いつ〜すべきか

He told me [**how to** make friends with [many girls]].
S   V   O   O

訳 彼は僕に、たくさんの女子と友達になる方法をおしえてくれた。

* *make friends with* [人] … [人]と友達になる

「疑問詞 + to不定詞〜」は名詞句を作るので、[how to 〜] は目的語のまとまりになっています。

空所補充・4択 でるでる問題

次の文の空所に適当な語を入れてみよう。

1. Please tell me [what I should do].

    = Please tell me [(　　　)(　　　) do].

2. I don't know [how I should spell [the word]].

    = I don't know [(　　　)(　　　) spell [the word]].

こたえ

1. **what to**   訳 何をすべきかおしえてください。
2. **how to**   訳 私はどのようにその単語をつづるべきかわからない。

Check ぽいんと

「疑問詞 + to不定詞」は「〜すべき」と訳します。疑問詞から始まる節に書きかえるときには、助動詞の **should** を使います。

ひと休み 豆知識コーナー♪

「疑問詞 + to不定詞」という形は、もともとは次のような形でした。

Please tell me [what I am to do].

am to do の部分は「be to 不定詞：義務」です（☞ p.193）。主語とbe動詞を省略することはよくあります。主語： I と be動詞： am が省略されて Please tell me [what to do]. という形になりました。もとをたどれば「be to 不定詞：義務」だったので、節に書きかえるときに should を使うのです。be to 不定詞は、かたくるしい表現だから should を使います。

2. too + 形容詞 … to不定詞〜

「あまりに…なので〜できない」、「〜するには…すぎる」と訳します。

You are **too** young **to** travel with [your girlfriend].

訳 君はあまりに若いから彼女と旅行するのは無理です。
（君は彼女と旅行するには若すぎる。）

= You are **so** young **that** you **can't** travel with [your girlfriend].

＊ so + 形容詞／副詞 that S can't V 〜 … あまりにも…なのでSはV〜できない

3. 形容詞／副詞 + enough to 不定詞～
= so 形容詞／副詞 + as to 不定詞～

「～ほど…」と訳します。

He was kind **enough to** hold and warm [my hand].

= He was **so** kind **as to** hold and warm [my hand].

= He was **so** kind **that** he held and warmed [my hand].

過去形だよ

訳 彼は私の手を握って温めてくれるほどやさしかった。

＊ *hold* [～]…[～]を握る ＊ *warm* [～]…[～]を温める

＊ *so* +形容詞／副詞 *that* S V ～…あまりにも…なのでS V ～（☞ p.199)

不定詞は、toのうしろは必ず動詞の原形だけど、接続詞のthatのうしろに続くSV～のVの時制に気をつけようニャ。

基礎 れんしゅう問題 ★

1. 次の文を so … that ～（あまりにも…なので～）を使って書きかえてみよう。

   Ishi-chan is **too** fat **to** put on [the trousers].

2. 同じ意味になるように、空所に適当な語を入れてみよう。

   He is **so** honest **that** he will not accept [the bribe].

   = He is (　　　) honest (　　　) accept [the bribe].

こたえ

1. **Ishi-chan is so fat that he can't put on [the trousers].**

   訳 石ちゃんはあまりに太っているので、そのズボンがはけない。

   ＊ *put on* [〜] … [〜] を着る

2. **too, to**　　訳 彼はあまりに正直なので、その賄賂は受け取らない。

正誤でるでる問題

誤りを訂正しよう。

1. He was enough diligent to win the scholarship.

2. The problem is easy enough for me to solve it.

3. This room is too small to play in it.

こたえ

1. **enough diligent** の順序が違います。

   ○ He was diligent **enough to** win [the scholarship].

   訳 彼は奨学金をもらえるほど勤勉だった。

   「形容詞／副詞 + enough to 不定詞〜」の語順です。enough はうしろから前の形容詞 diligent を修飾します。語句整序問題や英作文にもよく出ます。

2. **The problem を指している文末の it は不要です。**

   ○ [The problem] is easy **enough** for me **to** solve.

   訳 その問題は私が解けるほどじゅうぶんにやさしい。

   for me は不定詞の意味上の主語 (☞ p.165)。solve のうしろの it = the problem だから、主語とかぶっていてくどいので、it ははぶきます。他動詞 solve でぶち切れたように文は終わります (☞ p.178)。

3. **This room を指している文末の it は不要です。**

   ○ This room is **too** small **to** play in.

   訳 この部屋は中で遊ぶには小さすぎる。

   前置詞 in のうしろの it = this room だから、主語とかぶっています。(this room は前置詞 in の目的語になっているという言い方をします) くどいので it をはぶきます (☞ p.178)。

基礎かくにん⑩ 独立不定詞（不定詞を含む決まり文句）

独立して文全体を修飾する決まり文句を**独立不定詞**といいます。

[To be frank with you,] I'm fed up with [your laziness].

訳 率直に言って、あなたの怠慢にはうんざりだわ。

＊ *be fed up with* [～] … [～]にうんざり

To tell [the truth],　　　実を言うと
To be sure,　　　　　　確かに
To begin with ,　　　　まず第一に・まずはじめに
To make [matters] worse, さらに悪いことに
　　V　　　O　　　C

To say the least of it,	控えめに言って
To do [〜] justice,	[〜]を正当に判断すると
To be honest,	正直に言うと
Strange to say,	奇妙な話だが
so to speak,	いわば
(A), not to say (B)	(B)と言わないまでも(A)　( )に入るのは形容詞がふつう
Needless to say,	言うまでもないが
to say nothing of [〜] = not to speak of [〜] = not to mention [〜]	
	[〜]は言うまでもない

基礎れんしゅう問題

次の文を和訳してみよう。

1. **Needless to say**, [to eat much Natto] is good for [your health].

2. He is, **so to speak**, [a grown-up baby].

3. **To begin with**, he put [his arm] around [my waist].

4. **To tell the truth**, I divorced [my husband] 〈two days ago〉.

こたえ

1. 訳 言うまでもないが、納豆をたくさん食べることはあなたの健康によい。

2. 訳 彼は、いわば、おとなの赤ちゃんです。

3. 訳 まず第一に、彼は私の腰に手を回してきた。

4. 訳 実を言うと、私は2日前に夫と離婚しました。

空所補充・4択 でるでる問題

同じ意味になるように、空所に適当な語を入れよう。

She can speak [French], to say nothing of [English].

= She can speak [French], not to (　　　) (　　　) [English].

= She can speak [French], not to (　　　) [English].

こたえ

訳 彼女はフランス語が話せる。英語は言うまでもない。

She can speak [French], to say nothing ⟨of [English]⟩.
　　　　　　v　　o　　　v　　　o　　について

= She can speak [French], not to **speak of** [English].
　　　　　　　　　　　　　　　　　　　について

speakは自動詞だからofが必要。　　＊ speak of ［～］ … ［～］について話す

= She can speak ［French］, not to **mention** ［English］.
　　　　　　 v　　　o　　　　　　　 v　　　o

mentionは他動詞だから前置詞不要。

＊ mention ［～］ … ［～］について述べる

> 同じ意味をあらわす3通りの言い方があるので、とってもまぎらわしいんだニャ！

> 「Needless to say,…言うまでもないが、」はうしろに文が続くんだよ。意味は似ているけど使い方がちがうよー！（☞ p.203）

＊まとめのかくにん問題＊

空所に入れる最も適当な語句を選びましょう。

1. It was careless (　) you to leave your lunch box in the train.

　　ア　in　　イ　to　　ウ　of　　エ　with

2. She is said (　) a flight attendant when she was young.

　　ア　to be　　イ　bing　　ウ　to have been　　エ　to have being

3. I advised him (　) there alone.

　　ア　didn't go　　イ　not going　　ウ　to not go　　エ　not to go

4. The ice is thick enough (　).

　　ア　to walk　　イ　to walk to　　ウ　to walk on　　エ　to walk on it

5. They parted at Kyoto Station, never (　) each other again.

　　ア　saw　　イ　to see　　ウ　to be seen　　エ　to have seen

6. She doesn't know where (　).

　　ア　her going　　イ　is going　　ウ　to go　　エ　should go

単元6 不定詞

7. Nobody was (　　) in the room.

　ア　seeing　　イ　to see　　ウ　to be seen　　エ　to have seen

8. The children have no toys (　　).

　ア　to play　　イ　for playing　　ウ　to be played　　エ　to play with

9. Our boss is difficult (　　).

　ア　to get along　　　　　　イ　to be got along
　ウ　to be got along with　　エ　to get along with

10. I rushed up the stairs, (　　) find the room empty.

　ア　enough to　　イ　so as to　　ウ　only to　　エ　in order to

こたえ

1. **ウ**

   訳 電車のなかにお弁当箱を忘れるなんて、あなたって不注意ね。

   It was careless of you to leave [your lunch box] ⟨in the train⟩.

   It は仮主語で to 以下が真主語。careless（不注意な）は**人の性質をあらわす形容詞だから前置詞は of**（☞ p.165）。

2. **ウ**

   訳 彼女は若い時、フライトアテンダント（客室乗務員）だったと言われている。

   She is said to have been [a flight attendant] ⟨when she was young⟩.

   不定詞の完了形（to have 過去分詞～）は「ひとつ前」の時制をあらわします。言われているのは「今」、フライトアテンダントだったのは「過去」だから答えはウです（**不定詞の時制**☞ p.190）。

   不定詞の単純形（to + 動詞の原形）は「同時」をあらわします。
   彼女が今現在フライトアテンダントなら

   → She is said to be [a flight attendant].

3. **エ**

   訳 私は彼にひとりでそこへ行かないようアドバイスした。

   I advised him not to go there alone.

   * *advise* [人] *to do* ～ … [人]が～するようアドバイスする
   * *advise* [人] *not to do* ～ … [人]が～しないようアドバイスする

   不定詞否定形は to の直前に not や never を置きます（☞ p.186）。

4. ウ

訳 その氷は上に乗って歩けるほど厚い。

[The ice] is thick enough to walk on.

＊ 形容詞 ＋ enough to do 〜 … 〜ほど 形容詞 　(☞ p.200)

「walk on [the ice] … 氷の上を歩く」だから、walkのうしろにonが必要です。

× [The ice] is thick enough to walk on (it). ←itは不要。
　　　　　　　　　　　　　　　　　　かぶっている

5. イ

訳 彼らは京都駅で別れ、そして再会することはなかった。

They parted 〈at Kyoto Station〉, never to see [each other] 〈again〉.
　　　　　　　　　　　　　　　　　　　　　　V　　　　O

副詞用法「結果」のよくある形のひとつ。

＊ … *never to do* 〜 … して（その結果）二度と〜しない (☞ p.176)

6. ウ

訳 彼女はどこへ行くべきかわからない。

疑問詞 ＋ to 不定詞 (☞ p.197)

She doesn't know [where to go].

　＝ She doesn't know [where she should go].

[where to go]は名詞句を作り、knowの目的語になっています。

7. ウ

訳 その部屋には誰もいなかった。

be to 不定詞「可能」 (☞ p.193)

[Nobody] was to **be seen** 〈in the room〉.

　＝ [Nobody] could be seen 〈in the room〉.

NobodyとseeはNobodyとseeは受動関係だから受動態の不定詞が正しい。

8. エ

   訳 その子供たちは、遊ぶおもちゃを持っていない。

   The children have [no toys] (to play with).

   不定詞の前に名詞があるので、不定詞形容詞用法のOVの関係。
   × play [toys] → ○ play with [toys] … [おもちゃ]で遊ぶ
   withは「道具のwith」。「おもちゃを使って」の意味です。だからwithが必要。withは「忘れてならない前置詞」（☞ p.169）。

9. エ

   訳 私たちの上司は仲良くつきあうのが難しい人です。

   不定詞の前に形容詞があるので、不定詞副詞用法｛形容詞もどり｝（☞ p.178）。

   「*get along with* [人] … [人]と仲良くつきあう」という熟語を知らないとできない問題です。get along with [our boss]の関係になっていますが、withのうしろの[our boss]は主語とかぶっているので書かないルールです。だからwithで文が終わります。

10. ウ

    訳 私は階段をかけ上がったが、部屋がからっぽであることがわかっただけだった。

    I rushed up [the stairs], only to find [the room] empty.
    　　　　　　　　　　　　　　　　　　　V　　　 O　　　　C

    副詞用法「結果」の「よく出てくる形」（☞ p.176）。

    only to do ～ … ただ ～するだけだった

    ＊ *in order to do* ～ = *so as to do* ～ … 副詞用法「目的」～するために

    ＊ 形容詞 + *enough to do* ～ … ～するほど 形容詞

単元 **7**

接 続 詞

●基礎かくにん●

① 命令文＋and ／ or ……………………………… 212
② whetherとif ………………………………………… 213
③ 副詞節を導くifと取りかえられる接続詞 …… 216
④ 副詞節を導くさまざまな接続詞 ……………… 218
⑤ 同格のthat ………………………………………… 235

単元 7　接続詞

　接続詞は、語と語・句と句・節と節を結びつけます。接続詞の種類やその使い方を勉強しましょう。

基礎かくにん① 命令文 ＋ and ／ or

1. 命令文 …, ＋ and SV ～

　「命令文, ＋ and S V ～」「名詞, ＋ and S V ～」または「命令文に代わる表現, ＋ and S V ～」で、「…しなさい、そうすれば～」という意味をあらわします。

Wait a little, and I will make you a hot cake.
訳 少し待ってね、そうすればホットケーキを作ってあげるよ。

2. 命令文 …, ＋ or SV ～

　上のandをorに代えると、「…しなさい、さもないと～」という意味になります。

Watch [your step], or you will slip.
訳 足もとに気をつけなさい、さもないとすべりますよ。

基礎かくにん② whether と if

🌼 1. whether

whetherは、名詞節を導くときには、「～かどうか」と訳します。副詞節を導くときには「たとえ～であろうとなかろうと」と訳します。

名詞節でも副詞節でも、①節の最後や②whetherの直後に「or not」をつけることが多いです。また③「or not」はなくても大丈夫です。

① [The point] is [whether Dad will let me have [a cat] or not].
② [The point] is [whether or not Dad will let me have [a cat]].
③ [The point] is [whether Dad will let me have [a cat]].
　　　S　　　　V　　　　　　　　　　O　　　　C

訳 問題はパパがネコを飼うのを許してくれるかどうかです。

基礎 れんしゅう問題 ⭐

次のふたつの文を和訳してみよう。

1. It isn't important whether he goes or stays with me.

2. Whether it rains or not, she goes jogging every evening.

こたえ

1. It isn't important [whether he goes or stays ⟨with me⟩].
   Itは仮主語で、whether以下の名詞節は真主語。
   訳 彼が行ってしまうか、それとも私と一緒にいてくれるの**かどうか**は、重要なことではない。

2. ⟨Whether it rains or not⟩, she goes jogging ⟨every evening⟩.
   Whether以下は副詞節で、うしろの主節にかかっている。
   訳 **たとえ**雨が降ろうと降ら**なかろうと**、彼女は毎日夕方ジョギングに行く。
   　　　　　　　　　　　　　　　　　　　＊ go + ～ ing … ～しに行く

2. if

ifは名詞節を導く場合には「～かどうか」と訳し、副詞節を導く場合には「もしも～ならば」「たとえ～でも」と訳します。

基礎 れんしゅう問題

次の2つの文を和訳してみよう。

1. I asked him if he spent the night with her.

2. If he is honest, he cannot tell her [the truth].

こたえ

1. I asked him [if he spent [the night]〈with her〉].
   S V O   O

   if節はaskedの目的語になっている名詞節。
   訳 私は、彼にその夜を彼女と過ごしたのかどうか、聞いてみた。

2. 〈If he is honest〉, he cannot tell her [the truth].
      S V C   S   V   O   O

   If節は副詞節でうしろの主節にかかっている。文脈から、「もしも〜なら」ではなくて「たとえ〜でも」と訳す。
   訳 たとえ彼が正直でも、彼は彼女に真実を言えないだろう。
   =〈Even if he is honest〉, he cannot tell her [the truth].

   ＊ *Even if S V 〜 …たとえ〜でも*

正誤でるでる問題

次の文の誤りを訂正しよう。

[If you love me or not] is uncertain.

こたえ

× If → ○ Whether　解説は次のPower upレクチャー！へGo！

[Whether you love me or not] is uncertain.
     S   V   C

訳 あなたが私を愛しているかどうかは、はっきりしない。

Power up レクチャー！ ifとwhetherの使いわけ

　whetherもifも名詞節では「〜かどうか」という意味です。whetherはいつでも制約なしに使えますが、「「〜かどうか」のif」は目的語になる節を導きます。たとえば

$$\underline{\text{don't know}}_{V} \; [\underline{\text{if} \; S \; V \sim}_{O}] \cdots \text{〜かどうかわからない}$$

$$\underline{\text{ask}}_{V} \; [\underline{\text{if} \; S \; V \sim}_{O}] \cdots\cdots\cdots\cdots \text{〜かどうか尋ねる}$$

$$\underline{\text{wonder}}_{V} \; [\underline{\text{if} \; S \; V \sim}_{O}] \cdots\cdots\cdots \text{〜かしら}$$

などのような**「疑問」をあらわす動詞**のうしろではif（= whether）を使います。

　先の「でるでる問題」では、「「〜かどうか」のif」が主語になっている節を導いているのでまちがい。主語の節ではwhetherを使うのですよ！

　I asked him [whether he spent [the night] ⟨with her⟩].
＝ I asked him [if he spent [the night] ⟨with her⟩].
　S　V　　O　　O

基礎かくにん③　副詞節を導くifと取りかえられる接続詞

🌸 1. Suppose (that) / Supposing (that) 　thatは省略可能です。

　SupposeとSupposingはたいてい文頭に置かれて、うしろに続く主節は疑問文がふつうです。また、直説法と仮定法の両方の文で使われます。**直説法**とは、仮定法ではない文で、どうなるかわからないことを仮定する文です。**仮定法**とは、事実に反する仮定をする文です。

⟨Suppose (that) it rains⟩, what will you do ?
　= ⟨Supposing (that) it rains⟩, what will you do ?

[直説法] もしも雨が降ったらどうしますか？

⟨Suppose (that) Kenichi Matsuyama came to see you⟩, what would you do ?
　= ⟨Supposing (that) Kenichi Matsuyama came to see you⟩, what would you do ?

[仮定法] もしも松山ケンイチがあなたに会いに来たら、どうしますか？

松山ケンイチが会いに来るわけないですよね。だから仮定法です。

❀ 2. Provided (that) / Providing (that) thatは省略可能です。

providedとprovidingは、文頭または文中に置いて、「もしも～ならば…」という意味で、**直説法の文でだけ**使います。仮定法の文では使えません。

⟨Provided (that) you have finished washing the dishes⟩, you can take a shower .
　= You can take a shower ⟨providing (that) you have finished washing the dishes⟩.

[訳] もしもお皿を洗い終わったなら、シャワーを浴びていいわよ。

ひと休み豆知識コーナー♪

Supposeは命令文から、Supposing ／ Provided ／ Providing は分詞構文からできた形で、Ifと同じように接続詞のように使われるようになりました。

基礎かくにん④ 副詞節を導くさまざまな接続詞

1. 時をあらわす接続詞

（1）when 「〜する時に」

〈When it is warm〉, we get sleepy 〈in class〉.
　　S V　C　　　S V　　C

訳 暖かい時には、私たちは授業中に眠くなります。

（2）while 「〜する間に」

[My boyfriend] grinds [his teeth] 〈while he is asleep〉.
　　　S　　　　V　　　O　　　　　　S V　C

訳 私の恋人は、寝ている間に歯ぎしりします。

単元7　接続詞　219

Power up レクチャー！

譲歩の while と when

while や when を「〜なのに・〜だけれども」と訳す場合があります。

⟨While you say [that you want to have more than one girlfriend]⟩,
　　　I never agree with you.
　=⟨Though you say [that you want to have more than
　　　　　one girlfriend]⟩, I never agree with you.

訳 あなたは二人以上の彼女がほしいと言う**けど**、絶対に同意できません。
＊「ひとりよりも多い彼女」だから、きちんと訳すと「二人以上の彼女」です。

It is unbelievable that you want to make a date with her
　　　when you love me.
訳 私のことを愛している**のに**、あなたが彼女とデートしたいなんて、
　ありえない。　　　　　　　　＊ *It* は仮主語で *that* 以下は真主語。

Check ぽいんと

「〜なのに・〜だけれども」という意味で使う場合は、**while は文頭**で **when は文中**で使います。さらに、while には次のような使い方もあります。

My mother likes soymilk**, while** I like natto.
訳 母は豆乳が好きです。**一方**、私は納豆が好きです。

文中で、前にコンマがある **, while** は「**一方**」と訳します。

(3) as 「〜する時に」「〜するにつれて」

⟨As I was walking down the street⟩,

　　　　　　　　　　　[a middle-aged man] ⟨suddenly⟩ spoke to me.
　　　　　　　　　　　　　　　S　　　　　　　　　　　　V

訳 通りを歩いていた時、中年男性が突然話しかけてきました。

⟨As she grew older⟩, she became (more beautiful).
　　S　V　　C　　　S　　V　　　　C

訳 彼女は年をとるにつれて、ますます美しくなった。

(4) until / till 「〜するまでずっと」＋ 継続の文脈

Please wait ⟨until it gets dark⟩.　　訳 暗くなるまで待ってね。

= Please wait ⟨till it gets dark⟩. *it…明暗をあらわす「非人称のit」（☞p.23）
　　　　　　　　S　V　　C

(5) by the time 「〜するまでには」＋ 完了の文脈

I will have finished making soup ⟨by the time he comes back⟩.

訳 私は、彼が帰るまでには、スープを作り終わっているでしょう。

4択でるでる問題

次の文の空所に入れる適当な語句を選んでみよう。

She had already fallen asleep ⟨on the sofa⟩ (　　) he reached [her house].

ア　till　　イ　by　　ウ　the moment　　エ　by the time

単元7　接続詞　221

こたえ

エ

訳　彼が彼女の家に着いた時までには、彼女はすでにソファーで眠り込んでいた。

tillとuntilは「〜までずっと」+継続の文脈／by the timeは「〜までには」+完了の文脈」と覚えておきましょう。問題文に「already：すでに」があるので、〜までにはすでに眠り込んでいたので「完了」の文脈です。なお、byも「〜までには」の意味ですが、byは前置詞です。前置詞のうしろは「名詞または動名詞」だから、うしろに文を続けることはできないのでイは×です。

＊ fall asleep … 眠り込む　　＊ The moment S V〜 … 〜してすぐに

(6) afterは「〜したあとで」、beforeは「〜する前に」

He stole into [her room] ⟨after she got asleep⟩.
　　　　　　　　　　　　　　　S　V　C

訳　彼女が寝たあとで、彼は彼女の部屋にこっそり忍び込んだ。

＊ steal into [〜] … [〜]にこっそり忍び込む

It will be long ⟨before we meet ⟨again⟩⟩.
　　　　　　　　　　　　S　V

訳　今度会えるのはずっと先でしょう。
（直訳　私たちがまた会える前、時間は長いでしょう）

＊ It … 時間をあらわす「非人称のit」（☞ p.23）

(7) once　「いったん〜すると」

onceは副詞としては、「かつて」とか「一度」という意味です。接続詞のonceは「いったん〜すると」という意味です。

⟨Once you talk with him⟩, you will know [that he is [a funny man]].
　　S　V　　　　　　　S　　V　　O ˢ ᵛ　　　　　ᶜ

訳 いったん彼と話をすると、彼がおかしな人だとわかるでしょう。

(8) as soon as　「～してすぐに…」

⟨As soon as he saw me⟩, he ran away.　訳 彼は私を見てすぐに逃げた。

= ⟨The moment he saw me⟩, he ran away.

= ⟨The minute he saw me⟩, he ran away.

= ⟨The instant he saw me⟩, he ran away.

Power up レクチャー！　　　　～してすぐに…

上の文を意味を変えずに次のようにあらわすことができます。

① He had hardly seen me ⟨when he ran away⟩.

② He had scarcely seen me ⟨before he ran away⟩.

③ He had no sooner seen me ⟨than he ran away⟩.

①と②の hardly / scarcely という副詞は「ほとんど～ない」という意味です。直訳は、「彼が逃げたときには、私のことをほとんど見るか見ないかだった。→ チラッと見て逃げた」。また、接続詞の when と before はどちらでも交換できます。「逃げた」よりも見たのはほんの少し前なので、主節は**過去完了時制**を使うという特徴があります。

③は比較級を含む慣用表現で、「彼が逃げたのと私を見たのとはほぼ同時」ということから「見てすぐに逃げた」の意味になります。

さらに①〜③の表現は、Hardly ／ Scarcely ／ No sooner が文頭に出て V S の語順になる「倒置」がおこり、語句整序問題などでよく出ます。

① Hardly had he seen me 〈when he ran away〉.
② Scarcely had he seen me 〈before he ran away〉.
③ No sooner had he seen me 〈than he ran away〉.

(9) every time 「〜するときはいつでも」

〈Every time they meet〉, they quarrel. 訳 彼らは会うたびにケンカする。
 =〈Each time they meet〉, they quarrel.
 =〈Whenever they meet〉, they quarrel.

2. 理由をあらわす接続詞

(1) because ／ as ／ since 「〜なので」「〜だから」

〈Because she is pure 〈in body and mind〉〉, she is loved by [all].
 =〈As she is pure 〈in body and mind〉〉, she is loved by [all].
 =〈Since she is pure 〈in body and mind〉〉, she is loved by [all].
訳 彼女は心身ともに清らかなので、皆に愛されている。

Check ぽいんと

sinceは文脈によっては「〜以来」という意味もあります（☞ p.134）。

It has been several years 〈since [Michael Jackson] died〉.
 = [Several years] have passed
   〈since [Michael Jackson] died〉.
 (= [Michael Jackson] has been dead 〈for several years〉.)
 訳 マイケル・ジャクソンが亡くなって以来、数年になります。

注意：

for 「というのは〜だから」追加的に理由を説明します。

先の(1)の文は次のように書きかえられます。

She is loved by [all], for she is pure 〈in body and mind〉.
訳 彼女は皆に愛されている。というのは彼女は心身ともに清らかだから。

---

(2) now that 「今はもう〜なので」

時と理由の意味をもち、「今はもう〜なので」と訳します。thatを省略して使うことがあります。

〈Now (that) I have seen [how he lives]〉, I know [why he needs [so much money]].
訳 今はもう彼の生活ぶりを見たので、私は、なぜ彼がそんなにお金が必要なのかがわかります。

3. 譲歩をあらわす接続詞

相手の意見を一部受け入れる（譲る）と見せかけて、実は、自分の意見を述べていく言い回しを、英文法では「譲歩」といいます。「～だけれども・たとえ～でも」という言い方が「譲歩」です。

(1) 譲歩のas

強調したい語から始まる独特な語順に気をつけよう。

> { 形容詞 / 無冠詞名詞 } + as S V ～　「～だけれども」

〈Poor as he is〉, he is faithful to me.
訳 彼にはお金はないけれど、彼は私に対して誠実です。
　=〈Though he is poor〉, he is faithful to me.
　=〈Although he is poor〉, he is faithful to me.

ThoughとAlthoughは「～だけれども」という意味の接続詞です。

〈Child as he is〉, he makes approaches to me.
訳 彼は子供だけれども、私にアプローチしてくる。
　=〈Though he is **a** child〉, he makes approaches to me.
　=〈Although he is **a** child〉, he makes approaches to me.

ThoughやAlthoughを使った文に書きかえるときは、childには冠詞の**a**をつけます。

Power up レクチャー！

譲歩の as に気をつけよう

次の文は誤りです。

× 〈A child as he is〉, he makes approaches to me.

文頭は、形容詞、または無冠詞名詞（名詞に冠詞をつけない）です。

○ 〈Child as he is〉, he makes approaches to me.

ひと休み豆知識コーナー♪

どうして、「A child as he is,」は誤りなのかな…。本来なら数えられる名詞には冠詞のaは必要です。理由は、言葉の「リズム」の問題だと思われます。文頭に冠詞のAがあると、出だしがつかえてスムーズではないのでしょう。言葉ですから、リズムを優先した形になることがあるのです。ただし、この文は、形容詞から始まる文の方が実際にはよく使われます。「譲歩のas」のように、thoughも「Child though he is,」の語順で使うことがたまにあります。

(2) even if ／ even though 「たとえ〜でも」

① 〈Even if it rains〉, [the game] will be played.

訳 たとえ雨でも、試合は行われる。

② 〈Even though he was handsome〉, I didn't marry him.

訳 彼はイケメンだったが、私は彼と結婚しなかった。

ひと休み 豆知識コーナー♪

even if と even though の使い方は少し違います。even if のうしろは「仮定の内容」、even though のうしろは「事実」が続きます。先の①は、現実に雨が降るのかわからなくて、「たとえ雨でも」と仮定しています。先の②は、「彼がイケメンだった」というのは過去の事実です。「事実」なのか「仮定の内容」なのかで even if と even though を区別する問題はたまにありますが、たいていの場合は、両方とも「たとえ～でも」という意味だと知っていれば大丈夫です。仮定の内容なのか事実なのかあいまいで区別しにくい場合が多いのです。

4. その他の副詞節を導く接続詞

(1) unless 「～しない限り」

He won't help you 〈unless you apologize to him〉.
　S　　V　　 O

訳 彼にあやまらない限り、彼はあなたを助けてくれないだろう。

→ 彼があなたを助けてくれるのは、あなたが彼にあやまる場合だけ。

＊ *apologize to* [人]…[人]にあやまる

(2) ① as long as = so long as 「～でありさえすれば＝ if」

You can kiss me every day 〈so long as you keep your promise〉.

= You can kiss me every day 〈if you keep your promise〉.

訳 約束を守るのであれば、毎日キスしていいわよ。

if と取りかえられることが特徴です。

② as long as 「〜する間は＝while」

I will never talk to him ⟨as long as I live⟩.
　= I will never talk to him ⟨while I live⟩.
訳 私は生きている間、彼とは口をききません。

①＝ if と②＝ while では①＝ if の意味で使われるほうが多いです。

(3) as far as ＝ so far as 「〜する限り」と訳し、「範囲」をあらわします。

as far as ／ so far as は、たいてい次の2つの形で使われます。
as long as ／ so long as と違って、if と取りかえることはできません。

⟨As far as I know⟩, she is [an inefficient secretary].
　= To the best of my knowledge, she is [an inefficient secretary].
訳 私の知る限り、彼女は役立たずの秘書です。
⟨So far as I'm concerned⟩, I don't judge [a man] ⟨by his appearance⟩.
訳 私に関する限り、私は男性を外見で判断しません。

(4) 様態の as 「〜するように・〜する通りに」

Dance ⟨as you are taught⟩. 　　訳 おしえられる通りに踊りなさい。
Sing ⟨as you like⟩. 　　　　　訳 好きなように歌いなさい。

❁ 5. so, that を含む文

(1) 結果　…, so that S V 〜 　「… だから、その結果〜」

so の前にコンマがあるのが目印で、that はよく省略されます。
We were caught in a shower, so that we got wet through.
　　　　　　　　　　　　　　　　　　　S　V　　C

訳 私たちはにわか雨に降られた。だからずぶ濡れになってしまった。

*get wet through = get wet to the skin … ずぶ濡れになる

(2) 目的　so that S may / can / will V 〜
「SがVする目的で・SがVするように」

soとthatがくっついていて助動詞のmay / can / will のどれかが必要です。どれでも意味は同じです。文が過去形の場合にはmight / could / wouldに時制の一致をすることを忘れないようにしよう。

He called her up 〈many times a day〉〈so that he could encourage her〉.
S　V　O　　　　　　　　　　　　　　　　　　S　　V　　O

注意：canが時制の一致のためにcouldになりました。

= He called her up 〈many times a day〉〈in order that he could encourage her〉.

訳 彼は彼女を勇気づけるために、一日に何度も電話をかけた。

(3) 程度　so ＋ 形容詞 または 副詞 … that S V 〜

soとthatがはなれていてsoのうしろは**形容詞**または**副詞**です。

① 「あまりに…なので〜」または　② 「〜ほど…」と訳します。
　　文頭から文末に訳しおろす →　　← 文頭に向けて訳し上げる

He was so kind that he drove me 〈home〉.
S　V　C　　　S　V　O

① 文頭から文末に訳しおろす→　訳 彼はあまりにやさしかったので、車で私を家に送ってくれた。

② ←文頭に向けて訳し上げる　訳 彼は車で私を家に送ってくれるほどやさしかった。

(4) 程度　such ＋ a 名詞 または 複数名詞 … that S V ～

suchとthatがはなれていてsuchのうしろは **a 名詞**または**複数名詞**です。

This is such a heavy cat that I can't move it.
訳 このネコはあまりに重いので動かせない（ネコは1匹）。

Those are such heavy cats that I can't move them.
訳 そのネコたちはあまりに重いので動かせない（ネコは複数）。

Power up レクチャー！

so ＋ 形容詞 ＋ a 名詞

さらに、上の文は「so ＋ 形容詞 ＋ a 名詞 that S V ～」という特別な形に書きかえることができます。

This is so heavy a cat that I can't move it.
訳 このネコはあまりに重いので動かせない（ネコは1匹）。

副詞のsoのうしろに形容詞なら置けるけど、[a 形容詞 名詞]を置くことはできません。それで、soのうしろに形容詞が引きよせられて、[a 名詞]がうしろに回ってしまった特別な形です。ところが「so ＋ 形容詞 ＋ 複数名詞」という形はありません。そもそもうしろに名詞を置けるのはsuchですから、複数名詞の場合は「such ＋ 形容詞 ＋ 複数名詞」が正しいのです。これはよく出ます。

× Those are so heavy cats that I can't move them.

○ Those are such heavy cats that I can't move them.
訳 そのネコたちはあまりに重いので動かせない（ネコは複数）。

(5) 程度　S be such that S V 〜

suchは代名詞で「あんまりなもの」という意味です。suchとthatの間は何もなくてくっついています。「Sはあんまりなので〜」と訳します。

[His dirty language] was such that she couldn't get over it.
訳 [彼の下品な言葉]はあんまりだったので、彼女は立ち直ることができなかった。

「Such be [S] that S V 〜」のように倒置されます。語句整序問題によく出ます。

Such was [his dirty language] that she couldn't get over it.

基礎 れんしゅう問題

次の文を和訳してみましょう。

1. He came close to me, so that I was not able to relax at all.

2. She gave him a key so that he could get in any time.

3. His talent was such that she couldn't help loving him.

こたえ

1. 訳 彼は私の近くに来ました。だから（その結果）私はまったくリラックスできませんでした。
　　…, so that S V 〜　…だから、（その結果）〜

so の前にコンマがあれば、「結果」の so that です。that はよく省略されます。

     * *close to* [～] … [～]の近くに * *not + at all* … まったく～ない

2. 訳 彼がいつでも入れるように、彼女は彼にカギを渡した。

 She gave him [a key] ⟨**so that** he **could** get in ⟨any time⟩⟩.
  S V O   O

 so that S may ／ can ／ will V ～ … S が V する目的で
 so と that がくっついていて、うしろに may ／ can ／ will の助動詞のどれかがあれば「目的」の so that です。問題文は過去形の文だから can が「時制の一致」をして could になりました。

3. 訳 彼の才能はあんまりだったので、彼女は彼を愛さずにはいられなかった。

 such と that がくっついている場合には、「S はあんまりなので ～」と訳します。   * *cannot help* ～ *ing* … ～せずにいられない
 倒置の形にも注意しよう。

  → Such was [his talent] that she couldn't help loving him.

4択でるでる問題

次の文の空所に入れる適当な語句を選んでみよう。

 He gave her ( ) that she couldn't sleep with joy.

 ア so nice presents   イ so a nice present
 ウ so nice a present   エ such nice a present

こたえ

ウ

訳 彼は彼女にあまりにすてきなプレゼントをあげたので、彼女はうれしくて眠れなかった。　　　　　　　　　＊*with joy* …うれしくて

soのうしろは形容詞ですが、soのうしろに形容詞が引きよせられてa 名詞がうしろに回った「so ＋ 形容詞 ＋ a 名詞」という特別な語順です。

　　　　○ so nice a present　＝　○ such a nice present
　　　　× so nice presents　→　○ such nice presents

6. 〜しないように・〜するといけないから

　①Walk quietly lest you ***should*** wake up [the sleeping cat].
＝②Walk quietly for fear (*that) you ***should*** wake up [the sleeping cat].
＝③Walk quietly in case you wake up [the sleeping cat].
＝④Walk quietly so that you may／can／will not wake up [the sleeping cat].

訳 寝ているネコを起こさないように、静かに歩きなさい。

　①②の ***should*** は would か might と取りかえることができます。参考までに、これらは仮定法の性質の助動詞です。
　②の*thatは「fear：恐れ・不安」の内容を説明する「同格のthat」(☞p.235)といいます。この表現は慣用的なのでthatは省略できます。「寝ているネコを起こすという内容の不安があるから」という意味です。③のin caseの

節内には、ふつうは助動詞を入れません。④の so that は目的をあらわします。直訳すると「寝ているネコを起こさない目的で」という意味です。

空所補充・４択 でるでる問題

次の３つの文が同じ意味になるように空所に適当な語を入れてみましょう。

訳 彼女は、彼が見るといけないからランジェリー（下着）を隠した。

She hid [her lingerie] ｛ lest he might see it.
　　　　　　　　　　　　= （ ① ）（ ② ） he might see it.
　　　　　　　　　　　　= （ ③ ）（ ④ ） he might not see it.

こたえ

① for（原因・理由をあらわす for）　② fear　③ so　④ that

＊ hide- hid- hidden … ［〜］を隠す

Check ぽいんと

　lest や for fear (that) の節内には not は不要です。「見ることを恐れて」の意味だからです。ところが、目的をあらわす so that 節内では、「見ないように（直訳 見ない目的で）」なので、not は必要です。not のあるなしが重要です。必ず確認して答えましょうね。

7. in that 「〜という点で」 thatは省略できません

I am lucky ⟨in that [my boyfriend] ⟨always⟩ talks to me ⟨in a gentle voice⟩⟩.

訳 彼氏がいつも私にやさしい声で話しかけてくれるという点で、私はラッキーです。

基礎かくにん⑤ 同格のthat

I met [Miss Endo], [our new teacher], ⟨at the supermarket⟩.
S V　　O　　　　　O'
　　　　└─同格関係─┘

訳 私はスーパーで、[新しい先生]の[えんどう先生]に会いました。

「えんどうさん」だけでは誰のことかわからないと思い、「新しい先生だよ」とうしろに説明を入れました。このように、名詞を名詞で言い直して説明することを「**同格**」といいます。上の文では、目的語を言い直したために目的格が並びました。同じ**格**が並んだから、[Miss Endo]と[our new teacher]は「同格関係」です。

次に、名詞と名詞を並べるだけでは説明できないときには、名詞のうしろに名詞節を導くthat節を置く同格があります。

[No one] knows [the fact] [that I went to Kyoto with him].
　S　　　V　　　O　　　　　　　O'
　　　　　　　└──同格関係──┘

訳 [私が彼と京都に行った]という[事実]を誰も知りません。

誰も[事実]を知らない。どんな内容の事実かというと、[私が彼と京都に行った]という内容の事実です。[the fact]と[that節]は同格関係です。

基礎 れんしゅう問題

次の文を和訳してみましょう。

The rumor that the musician will never recover worries me.

こたえ

[The rumor] [that [the musician] will never recover] worries me.
　S　　　　　　　　S'　　　　　　　　　　　　　　　　V　O
　　　同格

訳 そのミュージシャンの（病気の）回復の見込みがまったくないといううわさに、私は心が痛みます。

＊ *worry* [人]… 人を心配させる

recover も動詞で worries も動詞です。動詞が 2 つ並んでいることに気づくと、that から recover までが同格の名詞節であることがわかります。

文頭の The rumor から recover までが大きなまとまりで、文の主語になっています。

Power up レクチャー！　同格 that の前でよく使う名詞

同格の that の前の名詞は、どんな名詞でもいいわけではありません。that の前の名詞は、「内容が知りたくなるような抽象名詞」です。抽象名詞とは、簡単に言うと、手でつかむことができない名詞のことです。たとえば、belief（信念），chance（見込み），doubt（疑い）， fact

（事実），hope（見込み），idea（考え），news（ニュース），plan（計画），possibility（可能性），rumor（うわさ）などです。「うわさがあるよ。」と言われたら、うわさの内容がとっても気になりますよね。どんな内容なのか知りたくなるような抽象名詞だから、うしろに内容を説明する同格のthatがくるのですよ。

ひと休み豆知識コーナー♪

関係代名詞ではなくて接続詞で、直前の名詞を限定して修飾するasがあります。このasは文法問題よりも英文解釈中にたまに出てきて、和訳を求められることがあります。「このasは何ですか？」という質問が多いのでここでまとめます。頻度が高いわけではないので、楽に勉強しましょうね。

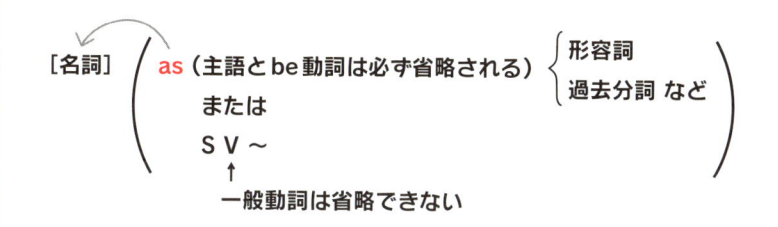

[名詞] as（主語とbe動詞は必ず省略される）　形容詞／過去分詞 など
　　　または
　　　S V ～
　　　↑
　　　一般動詞は省略できない

[Mt.Fuji] (as seen from Suruga Bay) is beautiful.
　　　　　　↑
　　　　[it = Mt.Fuji] is の省略がある

「富士山は見られる」からit is seenの部分は受動態です。
訳 駿河湾から眺める富士山は美しい。

✱ まとめのかくにん問題 ✱

1 空所に入れる最も適当な接続詞を、選びましょう。

1. (　　) I am busy , you are sitting idle.
   ア　Now that　　イ　That　　ウ　While　　エ　As

2. You had better do (　　) your classmates do.
   ア　when　　イ　that　　ウ　although　　エ　as

3. Any place will do (　　) I am together with him.
   ア　when　　イ　since　　ウ　as far as　　エ　as long as

4. I didn't tell you the truth (　　) you should get angry.
   ア　unless　　イ　for fear　　ウ　as far as　　エ　in that

5. You must turn off the light (　　) you go to bed.
   ア　before　　イ　after　　ウ　as soon as　　エ　while

6. You should stay in bed (　　) you get well.
   ア　by the time　　イ　so that　　ウ　until　　エ　as long as

7. He will not do the work (　　) I give the order.
   ア　unless　　イ　for fear　　ウ　while　　エ　the moment

8. (　　) he comes or not, it is the same with me.
   ア　If　　イ　That　　ウ　Whether　　エ　Now that

9. I wonder (　　) the plane will arrive on time.
   ア　if　　イ　that　　ウ　while　　エ　as far as

10. (　　) she has gone, we miss her very much.
    ア　Though　　イ　While　　ウ　If　　エ　Now that

11. He wanted to conceal the fact (　　) he had stayed at her house for three nights.
    ア　whether　　イ　that　　ウ　since　　エ　now that

12. He was so close to me (　　) I heard him draw a deep breath.
    ア　while　　イ　as long as　　ウ　that　　エ　now that

2 次の文が同じ意味になるように（　）に適当な語を入れましょう。

1. 〈As soon as he saw me〉, he left [the room].
   = 〈The (　①　) he saw me〉, he left [the room].
   = He had hardly seen me (　②　) he left [the room].

2. 〈Though she was sick〉, she didn't give up [her plan].
   = 〈Sick (　　) she was〉, she didn't give up [her plan].

こたえ

1

1. **ウ**

   訳 私は忙しい**のに**、あなたは何もしないですわっているのね。

   ⟨<u>While</u> I am busy⟩, you are sitting idle.　　譲歩のWhile
   (= <u>Though</u>) S V　C

   * *sit idle* … なまけてすわっている
   　　v　c

2. **エ**

   訳 あなたはクラスメートがする**ように**したほうがいい。

   You had better do ⟨as [your classmates] do⟩.　　様態のas

   * *had better* + 動詞の原形〜 … 〜するほうがいい

3. **エ**

   訳 彼と一緒にいられるので**あれば**、どんな場所でもいいです。

   [Any place] will do ⟨<u>as long as</u> I am ⟨together⟩⟨with him⟩⟩.
   　　　　　　　　　　　(= <u>if</u>)

   as long as S V 〜 = if S V 〜

   * *Any* + 単数名詞 … どんな〜でも　　＊自動詞の*do* … OK、まにあう

4. **イ**

   訳 あなたが怒る**といけないから**、あなたに本当のことは言えませんでした。

   I didn't tell you [the truth] ⟨ for fear (that) you ***should*** get angry⟩.
   = I didn't tell you [the truth] ⟨lest you ***should*** get angry⟩.

= I didn't tell you [the truth]〈so that you would not get angry〉.
　S　　V　　O　　　O　　　　　　　S　　　　　V　　　C

5. ア

   訳 寝る前に明かりを消さなければいけません。

   You must turn off [the light]〈before you go to bed〉.

   ＊ turn off [〜] … [〜]のスイッチを切る ⟷ turn on [〜] … [〜]のスイッチを入れる

6. ウ

   訳 あなたは病気が治るまで寝ているべきですよ。　　until = till

   You should stay 〈in bed〉〈until you get well〉.
   ⎣＿＿＿＿継続の文脈＿＿＿⎦　　　　S　V　C

   目的をあらわすso thatは助動詞の may／can／willが必要だから、イは×です。

   〜までずっと＋継続の文脈

7. ア

   訳 私が命令しない限り、彼はその仕事をやらないでしょう。

   He will not do [the work]〈unless I give [the order]〉.
   　S　　　V　　　O　　　　　　S　V　　　O

8. ウ

   訳 たとえ彼が来ても来なくても、私に関しては同じです。

   〈Whether he comes or not〉, it is [the same] with me.

   or notと一緒に使うのはwhetherです。

   ＊ with … 「「関して」のwith」

9. ア

　訳 飛行機は時間通りに着くかしら。

　＊ on time … 時間通りに　＊ I wonder [if S V〜]. … 〜かしら

　I wonder [if [the plane] will arrive 〈on time〉].
　S　V　　　　　S　　　　V

　ifは名詞節を導く「〜かどうか」。

10. エ

　訳 今はもう彼女は行ってしまったので、私たちは彼女がいなくてとてもさびしい。

　〈Now (that) she has gone〉, we miss her 〈very much〉.
　　　　　　　　S　　　V　　S　V　O

　thatは省略できる。　　　　　　　＊ miss [人] … [人]がいなくてさびしい

11. イ

　訳 彼は[彼女の家で三夜過ごした]という[事実]を隠したかった。

　He wanted to conceal [the fact] [that he had stayed 〈at her house〉 〈for three nights〉].

　同格のthatは[the fact]の内容を説明している。

12. ウ

　訳 彼はあまりに私の近くにいたので、私は彼が深く息を吸うのが聞こえた。

　He was so close to me that I heard him draw [a deep breath].
　S　V　　C　　　　　　　S　V　O　C

　程度をあらわす so … that 〜　　＊ close to [〜] … [〜]の近く

2

1. ①moment または minute または instant
   ②when または before
   訳 彼は私を見てすぐに、部屋を出て行った。

2. as（または though を使うこともできます）
   訳 彼女は具合が悪かったが、自分の計画をあきらめなかった。

✶ 副詞節を導く主要な接続詞一覧 ✶

because	理由	〜だから	(☞ p.223)
as	時	〜する時に／〜するにつれて	(☞ p.220)
	理由	〜だから／〜なので	(☞ p.223)
	譲歩	〜だけれども 語順注意 形容詞＋as S V〜	(☞ p.225)
	様態	〜するように	(☞ p.228)
when	時	〜する時に	(☞ p.218)
	譲歩	〜なのに／〜だけれども 注意 文中で使う	(☞ p.219)
while	時	〜する間に	(☞ p.218)
	譲歩	〜なのに／〜だけれども 注意 文頭で使う	(☞ p.219)
after	時	〜したあとで	(☞ p.221)
before	時	〜する前に	(☞ p.221)
until／till	時	〜するまでずっと（＋継続の文脈）	(☞ p.220)
by the time	時	〜するまでには（＋完了の文脈）	(☞ p.220)
once	時	いったん〜すると	(☞ p.221)
since	時	〜以来	(☞ p.224)
	理由	〜なので	(☞ p.223)
as soon as	時	〜してすぐに 注意 ＝ the moment　S V〜 　　　＝ the minute　S V〜 　　　＝ the instant　S V〜	(☞ p.222)
now (that)	時	今はもう〜なので 注意 that は省略できる	(☞ p.224)
every time	時	〜するときはいつでも 注意 ＝ each time S V〜 　　　＝ whenever S V〜	(☞ p.223)
if	条件	もしも〜ならば／たとえ〜でも 注意 名詞節では「〜かどうか」	(☞ p.214)

Suppose Supposing	条件	もしも〜ならば 注意 = If S V 〜 　　　= Providing S V 〜 　　　= Provided S V 〜　　　（☞ p.216, 217）
whether	条件	たとえ〜であろうとなかろうと 注意 名詞節では「〜かどうか」　　　（☞ p.213）
unless	条件	〜しない限り　　　（☞ p.227）
as long as so long as	条件	〜でありさえすれば = if　　　（☞ p.227）
as long as	時	〜する間は = while　　　（☞ p.228）
as far as so far as	範囲	〜する限り　　　（☞ p.228）
though although	譲歩	〜だけれども　　　（☞ p.225）
even if even though	譲歩	たとえ〜でも　　　（☞ p.226）
…, so that 〜	結果	…だから、その結果〜　　　（☞ p.228）
so…that 〜 such…that 〜	程度	あまりに…なので〜／〜ほど…　　　（☞ p.229）
so that S {may/can/will} V〜	目的	〜する目的で　　　（☞ p.229）
in that S V 〜		〜という点で　　　（☞ p.235）

Power up レクチャー！
INDEX

不可算名詞の練習問題	18
「天候・寒暖・時間・距離・明暗」などをあらわす「非人称のIt」	23
SVOで使う動詞　その1	41
SVOで使う動詞　その2	45
熟語を他動詞に置きかえてみよう	47
SVOO→SVO 前置詞＋人	49
SVOO文型で使う特に重要な動詞	52
仮主語（形式主語）や仮目的語（形式目的語）のit	63
付加疑問文と否定疑問文の答え方	86
疑問詞＋do you think＋SVの語順　〜？	89
「SVOC文型」の補語が原形不定詞	105
名詞節のなかではwillを使えるよ	118
haveは進行形にできるの？	124
「ごはんよ〜」「はーい」	129
just now…たった今	138
過去の点か幅か？	143
agoとbeforeの使いわけ	146
仮主語Itから始まる文に注意しよう	164
in order to do 〜／so as to do 〜 の否定の形	186
「is said」の書きかえパターン	190
カギヨウイ!!	196
ifとwhetherの使いわけ	216
譲歩のwhileとwhen	219
〜してすぐに…	222
譲歩のasに気をつけよう	226
so＋形容詞＋a 名詞	230
同格thatの前でよく使う名詞	236

索引

——— English ———

〈A〉

a	19
able	56
advise	185
after	117, 221
ago	146
all the time	125
allow	185
already	132
always	125
an	19
and	212
aren't	76
as	65, 220, 226, 228, 237
as far as	228
as long as	227
as soon as	222
ask	50, 185
at	108

〈B〉

by the time	220
be about to 動詞の原形	130
be going to 動詞の原形	128
be to 不定詞	193
because	65, 223
before	117, 146, 221
belong	123
be動詞	26
be動詞＋過去分詞	102
be動詞＋動詞のing	122
be動詞＋〜ing	54
be動詞の現在形＋〜ing	123
be動詞の短縮形	27
bring	49
buy	50
S＋be動詞＋not 〜.	74

〈C〉

can't	76
case	233
choose	50
come	117, 129
contain	123
cook	50
cost	52

〈D〉

Did＋S＋動詞の原形 〜？	77
do	50
Do＋S＋動詞の原形 〜？	77
Does＋S＋動詞の原形 〜？	77
doesn't	76
S＋did＋not＋動詞の原形 〜.	74
S＋do＋not＋動詞の原形 〜.	74
S＋does＋not＋動詞の原形 〜.	74

〈E〉

enough	200
even if	215, 226
even though	226
every time	223
expect	185

〈F〉

fear	233
find	26, 50
for	224

〈G〉

get	50
give	49
go	117, 129
grow up to be 〜	176

〈H〉

had been 〜 ing	139
had not been 〜 ing	139
had not 過去分詞〜	139
had S been 〜 ing 〜？	139
Had S 過去分詞〜？	150
had 過去分詞	139
hardly／scarcely	222
hardly … when 〜	223
have [has] been 〜 ing	130
Have [Has] S been 〜 ing	130
have	56, 124
have been to [〜]	139
have gone to [〜]	139
have [has] not 過去分詞	130
Have [Has] S 過去分詞〜？	130
have [has] 過去分詞	130
have [has] not been 〜 ing	130
haven't [hasn't] 過去分詞	130
haven't [hasn't] been 〜 ing	130
hear	124
how	80
How long 〜？	82
How many times 〜？	82
How many＋複数名詞〜？	82
How much＋不可算名詞〜？	82
How much 〜？	82
How often 〜？	82
How soon 〜？	83
how to do 〜	197

How ＋ 形容詞または副詞 ＋ S V ! ―― 93

〈 I 〉

if	214
in	108
in that	235
ing形	122

〈 J 〉

just now	132, 138

〈 K 〉

know	110, 124

〈 L 〉

lend	49
lest	233
let	56
Let me 動詞の原形〜, will you ?	85
Let's 動詞の原形〜, shall we ?	84
like	124
live to be 〜	176

〈 M 〉

make	50, 56

〈 N 〉

…never to do 〜	176
no sooner… than 〜	222
now that	224
S ＋ did ＋ not ＋動詞の原形〜．	74
S ＋ do ＋ not ＋動詞の原形〜．	74
S ＋ does ＋ not ＋動詞の原形〜．	74
S ＋ 助動詞 ＋ not ＋動詞の原形〜．	74

〈 O 〉

offer	49
once	221
…only to do 〜	176
or	212
order	50

〈 P 〉

pay	49
permit	185
possess	123
progress	18
Provided (that) ／ Providing (that)	217

〈 R 〉

resemble	43, 123

⟨S⟩

It seems [that SV ～].	187
save	52
scarcely … before ～	223
see	124
seem	187
send	49
shall we ?	84
shouldn't	76
show	49
since	134, 223
so far as	228
S seem to be ～.	187
…, so that SV ～	228
so that S may／can／will V ～	229
so＋形容詞＋a 名詞	230
so 形容詞／副詞＋as to 不定詞 ～	200
so 形容詞または副詞 … that SV ～	229
spare	52
such	
S be such that SV ～	231
such＋a 名詞または複数名詞…that SV ～	230
suppose	91
Suppose (that)／Supposing (that)	216

⟨T⟩

teach	49
tell	49, 185
that	
名詞節	61
同格	235
the	20
There is [a 名詞]．／There are [複数名詞]．	94
think	91
though	65, 219, 225
till	220
too＋形容詞 … to 不定詞～	199
to 不定詞	59, 162

⟨U⟩

unless	227
until	117, 220

⟨W⟩

wake up to do ～	176
want	185
was [were]＋～ing	126
wasn't	76
weather	17
weren't	76
what to do ～	197
What＋a (an) 形容詞＋名詞＋SV！	93
when	65, 80, 117, 218
when to do ～	197
whenever	223
where	80

where to do ~	197
whether	213
which to do ~	197
while	218
who	79
whose	81
what	80
will	118, 127
will + be + ~ing	126
will have been ~ing	147
will have been 形容詞	149
will have 過去分詞	147, 149
will not have been ~ing	147
will not have 過去分詞	147
Will S have seen ~ing ~?	147
Will S have 過去分詞~?	147
will you ?	84
with	108

〈 Y 〉

yet	132

Japanese

〈あ行〉

意志未来	127
いったん~すると	221
一般動詞	23
今はもう~なので	224
意味上の主語	165

〈か行〉

確定未来	116
確定未来の進行形	129
過去完了	
｛完了｝	140
｛経験｝	140
｛継続｝	141
｛大過去｝	145
過去完了進行形｛継続｝	141
過去形	25, 121
過去進行形	126
過去の点	143
過去の幅	143
過去分詞形	25
可算名詞	15
仮定法	175
仮主語	164
仮目的語（形式目的語）	63
冠詞	19
間接疑問文	87
感嘆文	93

疑問詞	31
疑問詞＋do you think＋SVの語順〜？	89
疑問文	76
近接未来	130
句	34
形式主語	63
形容詞	27, 165
形容詞／副詞＋enough to 不定詞〜	200
形容詞句	34
形容詞節（関係詞節）	64
原形不定詞	55
現在完了	130
｛完了｝	131
｛経験｝	133
｛継続｝	134
現在完了進行形｛継続｝	134
現在形	116
現在進行形	123
後置修飾	36
肯定疑問文	86
肯定の命令文	92
肯定文	74
ことわざ	116
固有名詞	14

〈 さ行 〉

S＋助動詞＋not＋動詞の原形〜．	74
3単現（三人称単数現在）のs	23
使役動詞	56
時制	116
時制の一致	151
自動詞	38
習慣・事実	116
集合名詞	14
修飾語	34, 37
主格	22
主語	34
受動態	102
譲歩	225
譲歩のas	226
助動詞	30
所有格	22
所有代名詞	22
進行形	122
進行形にできない動詞	123
真主語	63
真目的語	63
節	61
接続詞	31, 212
先行詞	64
前置詞	30
存在文	94

〈 た行 〉

代動詞	79
代名詞	21
他動詞	44
単純未来	127
知覚動詞	55
抽象名詞	14

直説法	216
同格	235
動作をあらわす動詞	123
動詞	23, 34
独立不定詞	202

〈な行〉

能動態	102

〈は行〉

否定疑問文	86
否定の命令文	92
否定文	74, 130, 139, 147
非人称のIt	23
ピリオド	74
付加疑問文	83
不可算名詞	16
不規則変化	26
副詞	28
副詞句	34
副詞節	65
複数形	15
普通名詞	14
物質名詞	14
不変の真理	116
平叙文	74
補語	34

〈ま行〉

未来完了	147
{完了}	148
{経験}	148
{継続}	149
未来完了進行形{継続}	149
未来進行形	126
名詞	14
名詞句	34
名詞節	61
命令文	92, 212
命令文 …, + and SV ～	212
命令文 …, + or SV ～	212
目的格	22
目的語	34

〈や行〉

様態のas	228

カバー		●一瀬錠二（アートオブノイズ）
カバー写真		●有限会社写真館ウサミ
本文制作		●水口紀美子（株式会社ニュートーン）
本文イラスト		●翼

えんどうあつこの英語が
初歩からしっかり身につく
英文法①

2013年9月5日 初版 第1刷発行

著　者　　えんどうあつこ
発行者　　片岡　巌
発行所　　株式会社技術評論社
　　　　　東京都新宿区市谷左内町 21-13
　　　　　電話　03-3513-6150　販売促進部
　　　　　　　　03-3267-2270　書籍編集部
印刷・製本　株式会社加藤文明社

定価はカバーに表示してあります。

本書の一部または全部を著作権法の定める範囲を超え、無断で
複写、複製、転載、テープ化、ファイル化することを禁じます。

©2013　えんどうあつこ

造本には細心の注意を払っておりますが、万一、乱丁（ページの乱
れ）や落丁（ページの抜け）がございましたら、小社販売促進部まで
お送りください。送料小社負担にてお取り替えいたします。

ISBN978-4-7741-5863-1 C7082
Printed in Japan

●本書に関する最新情報は、技術評論社
ホームページ（http://gihyo.jp/）を
ご覧ください。
●本書へのご意見、ご感想は、技術評論
社ホームページ（http://gihyo.jp/）
または以下の宛先へ書面にてお受けし
ております。電話でのお問い合わせに
はお答えいたしかねますので、あらか
じめご了承ください。

〒162-0846
東京都新宿区市谷左内町 21-13
株式会社技術評論社書籍編集部
『えんどうあつこの英語が
初歩からしっかり身につく
英文法①』係
FAX：03-3267-2271